Johann Nepomuk Scheel

Das Honigbüchlein

mit über 100 Rezepten

Johann Nepomuk Scheel

Das Honigbüchlein
mit über 100 Rezepten

ISBN/EAN: 9783743324282

Hergestellt in Europa, USA, Kanada, Australien, Japan

Cover: Foto ©Lupo / pixelio.de

Weitere Bücher finden Sie auf **www.hansebooks.com**

Honigbüchlein.

Der große Wert und die mannigfaltige Verwendung

des Honigs

in gesunden und kranken Tagen.

Mit mehr als 100 Rezepten.

Gesammelt und herausgegeben

von

Joh. Nep. Scheel, Lehrer,

Verfasser des prämierten Buches: „Unterricht in der Bienenzucht
in Fragen und Antworten."
Inhaber mehrerer bienenwirtschaftlichen Auszeichnungen.

---·※·---

Leutkirch. 1885.

Verlag von Rud. Roth's Buchhandlung.

(Zweigniederlassung in Saulgau.)

Vorwort.

Schon den kleinen Kindern singt man auf der Mutter Schoß:

> Honig und Butter und Mandelkern,
> Essen die kleinen Kinder so gern.

Aber auch die Alten verschmähen in der Regel ein Stück Butterbrot mit Honig nicht; denn wer könnte ein so vorzügliches Gericht, das gleichzeitig nährt, erquickt und stärkt, abweisen?

Aber dennoch muß man sagen, daß im allgemeinen das Publikum den großen Wert des Honigs noch nicht kennt; es behandelt ihn nicht als ein vorzügliches Nahrungsmittel, als den besten, wertvollsten Süßstoff, als ein ausgezeichnetes Mittel, um in gesunden Tagen den Körper zu erfrischen und zu stärken, ihn vor Krankheiten zu bewahren, und ihm in kranken Tagen hilfreiche Dienste zu leisten, sondern betrachtet ihn vielfach noch als eine Schleckerei von untergeordnetem Werte.

Während Honig in früheren Zeiten der Hauptsüßstoff war und er zugleich in der Heilkunde eine große

Rolle spielte, sind heutzutage an seine Stelle Rübenzucker, Syrup und ähnliche minderwertige, künstlich gemachte Süßstoffe getreten, welche in keiner Weise die vorzüglichen Eigenschaften des echten Honigs in sich bergen.

Um nun dem Honig, dem vorzüglichsten aller Naturprodukte (welches jedes Kunstprodukt ähnlicher Art weit übertrifft), zu seinem ihm gebührenden Rechte mehr und mehr wieder zu verhelfen und um den Bienenzüchtern selbst, besonders aber allen Hausmüttern an die Hand zu gehen, wie sie diesen unübertrefflichen Hausschatz praktisch verwenden sollen, übergebe ich dieses „Honigbüchlein" der Öffentlichkeit.

Ich darf mich der Hoffnung hingeben, daß ich mit der Herausgabe desselben den vielen lieben Imkerfreunden in Nah und Fern eine Freude bereite; das Honigbüchlein soll ihnen allen meine besten Grüße übermitteln. Besonders aber möchte ich damit auch dem geliebten Altmeister der rationellen Bienenzucht, Seiner Hochwürden

Herrn Pfarrer Dr. Dzierzon

zu seinem in diesem Jahre stattfindenden

50jährigen Jubiläum

meine herzlichsten Glückwünsche entbieten, mit dem ferneren Wunsche, Gott der Herr möge ihm noch viele Jahre in gesegneter Wirksamkeit gnädigst verleihen!

Vorwort.

Möge diese Arbeit, zu welcher ich seit Jahren Bausteine gesammelt, eine recht große Verbreitung finden, und damit die Honigwendung neuen Aufschwung nehmen! Möchte mit dem Honigbüchlein auch der Honigtopf und und mit diesem Gesundheit und Frohsinn bei Jung und Alt Einkehr nehmen!

> Wandre lustig in das Land,
> Werde überall bekannt;
> Den Honig schaff in jedes Haus,
> Und treib die Bitterkeit hinaus!

Treherz, (Württemberg) im März 1885.

J. N. Scheel.

Inhalt.

	Seite
Vorwort	III

I. Teil. Allgemeines vom Honig.

1. Kapitel:	Vom Honig überhaupt	3
2. „	Aus alten Tagen (Geschichtliches) . . .	4
3. „	Aus unsern Tagen	7
4. „	Die verschiedenen Honigsorten	11
5. „	Vom echten Honig	13
6. „	Vom unechten Honig	15

II. Teil. Die Verwendung des Honigs zu Speisen und Getränken.

7. Kapitel:	Der Honig als Nahrungsmittel . . .	21
8. „	Der Honig zu verschiedenen Bäckereien .	23
	Honigkuchen und Honigbackwerke, 12 Rezepte	24
9. „	Honiggetränke	30
	Honigwein, 2 ausführliche Rezepte . . .	30
	Tischwein	36
	Honigpunsch	36
	Honigchampagner	37
	Honigbier	38
	Honigessig	38
10. „	Das Einmachen der Früchte mit Honig .	39
	Regeln und Rezepte	40

III. Teil. Der Honig als Hausmittel in der Heilkunde.

		Seite
11. Kapitel.	Der Honig ein Segen der Menschheit	45
12. "	Der Honig als Hausmittel gegen Halsleiden, 14 Rezepte	47
13. "	Der Honig als Hausmittel gegen Brustleiden, 22 Rezepte	50
14. "	Der Honig ein Hausmittel bei Magen- und Unterleibsleiden, 14 Rezepte	56
15. "	Der Honig ein Hausmittel bei verschiedenen Leiden, 22 Rezepte,	58
16. "	Äußerliche Anwendung des Honigs, (14 Rezepte)	64
Nachtrag und Schluß		67

Als Quellen wurden benützt:

Gravenhorsts „Deutsche illustrierte Bienenzeitung".
Krancher „Deutscher Bienenfreund".
Adolphson (Zürich) „Illustrierte Bienenzeitung".
Dr. Stautner „Münchener Bienenzeitung".
Bälz (Württemberg) „Die Bienenpflege".
Vogel (Nördlingen) „Bienenzeitung".
Baumann „Blätter für Bienenzucht".
P. Schachinger, „Österr. ungar. Bienenzeitung."

Erster Teil.

Allgemeines vom Honig.

O Honig, du köstliche Gabe,
Wie gerne verkoste ich dich!
Ob Hunger und Durst ich auch habe,
Erfrischest und stärkest du mich.

Wenn Leiden und Krankheit mich drücket,
Das Herze mir schwer ist und krank;
Wenn Sorge und Kummer mich bücket,
Ist Honig erquickender Trank.

Wenn heiser die Stimme mir krächzet,
Die Brust mir beklemmt ist von Schleim,
Und müd mich geseufzt und geächzet,
Hilft Honig, der köstliche Seim.

Drum lieb' ich den Honig, den süßen,
Den Honig, die beste Arznei.
O mög' er in Strömen stets fließen;
Dem Honig, dem bleibe ich treu!

Erstes Kapitel.
Vom Honig überhaupt.

*Der Honig eine Himmelsgabe,
Damit sich jeder daran labe.*

Der süße Saft, welchen die Arbeitsbienen aus den Blüten in Garten, Wiese, Feld und Wald als Nektar aufsaugen, oder von den Blättern der Pflanzen als Honigtau 2c. sammeln und in ihrem Honigmagen heimtragen, wird, wenn er mittelst der Speicheldrüsen geläutert und hierauf in die Zellen abgesetzt ist, H o n i g genannt.

Der Chemiker Alexander Wilson hat berechnet, daß ungefähr 7 500 000 Blütenkelche von den Bienen ausgebeutet werden müssen, bis sie 1 kg Honig haben.

Durch Verarbeitung des Blütensaftes im Bienenleibe und durch Verdunstung in den Zellen wird der Honigsaft verdickt.

Die gefüllten Honigzellen werden dann mit Wachsdeckeln verschlossen, um als Vorrat für die Zeit der Not zu dienen.

Eine Sage berichtet, daß die Biene noch aus dem goldenen Zeitalter, aus dem verlorenen Paradiese übrig geblieben sei. Honig ist somit als ein Geschenk aus dem Paradiese zu betrachten. Er ist ja die süßeste und beste aller Erdenfrüchte, in Wirklichkeit ein herrliches Gottesgeschenk, eine Himmelsgabe in seiner vollen Bedeutung, dazu geeignet, das Leben mit seiner Bitterkeit und sauren Arbeit zu versüßen, in Krankheit und Beschwernis Linderung zu verschaffen und uns einen Vorgeschmack der himmlischen Süßigkeiten zu geben.

Wenn auch dem Honig noch lange nicht die Bedeutung beigemessen wird, welche er verdient, so ist doch der Honigkonsum ein viel größerer, als mancher nur ahnt.

Wenn man bedenkt, daß die vielen tausend Zentner, welche im Inlande von den emsigen Bienchen gewonnen werden, den nötigen Bedarf keineswegs decken, sondern daß außerdem in Deutschland allein jährlich noch durchschnittlich 40—50 000 Zentner eingeführt werden, so bekommt man annähernd eine Vorstellung, welche Rolle der Honig heutzutage schon spielt.

Ich kenne keinen Stoff, von dem man wie vom Honig sagen kann:

Er nährt und stärkt, ohne den Magen zu beschweren;
Er erquickt und erfrischt, ohne die Nerven zu reizen;
Er reinigt und läutert, ohne Schmerzen zu verursachen;
Er beruhigt und besänftigt, ohne Betäubung auszuüben.

Ein Stoff mit solch vorzüglichen Eigenschaften verdient gewiß unsere besondere Beachtung.

Zweites Kapitel.
Aus alten Tagen.
(Geschichtliches).

Nicht allein der scharfe Stachel,
Süßer Seim auch ward den Bienen;
Meiden wir das Gift des einen,
Muß uns doch das andre bienen.
Weber, Dreizehnlinden.

Der Honig spielt keineswegs eine untergeordnete Rolle in der Geschichte; es ist vielmehr in derselben von seiner Gewinnung und verschiedenen Anwendung zu Speisen und Getränken für Gesunde und Kranke gar oft die Rede.

Bereits das älteste Kulturvolk der Erde, die Ägypter, hatten die Bienenzucht auf eine hohe Stufe der Ausbildung gebracht; die alten Griechen aber wanderten mit ihren Bienen in blumen- und blütenreiche Gegenden. Der Honig aus Attika galt im ganzen Altertum als eine unerreichbare Sorte.

In dem römischen Hauswesen war der Bedarf an Honig ein ungeheurer; er fand die verschiedenartigste Verwendung in der Küche und spielte eine hervorragende Rolle. — Auch die ältesten Bewohner Nordeuropas schätzten die Erzeugnisse der Bienen eben so sehr, als die Germanen und die slavischen und finnischen Völkerschaften im heutigen Rußland.

Den Alten aber war indes der Prozeß der Honigbereitung vielfach unbekannt. Aristoteles glaubte, daß der Honig als Tau vom Himmel falle (was wohl mit dem Honigtau, den die Pflanzen auf der Oberfläche der Blätter ausschwitzen, in Verbindung gebracht werden kann).

Wenn auch die Griechen die Entstehung des Honigs falsch erklärten, so mußten sie ihn doch nach Verdienst zu schätzen. Den süßen Honigkuchen mochte kein Grieche gern entbehren. „Meinst Du denn, daß die Bienen ihren Honig nur für die Narren bereiten?" sagte der Philosoph Demonax zu einem Griechen. Das eigentliche Honigland im Altertum aber war Palästina, das Land, welches von Milch und Honig floß. Der Vorläufer Christi, Johannes der Täufer, lebte u. a. von wildem Honig, den die Bienen in hohlen Bäumen und Felsspalten sammelten und zwar oft in solchen Massen, daß er zur Erde niederfloß und zur erquickenden Nahrung diente.

Die hl. Schrift führt an vielen Stellen den Honig an, teils belehrend, seinen Wert und seine Güte hervorhebend, teils das göttliche Wort und den Dienst des Herrn mit seiner Süßigkeit vergleichend. (Vergl. S. 19.) Sodann ist der Honig auch das Bild des Reichtums und der Fülle.

In der hl. Geschichte ist der Honig das Symbol anmutiger, salbungsvoller Beredsamkeit. Der hl. Bernhard erhielt den Titel doctor mellifluus, der honigsüße Lehrer.

Endlich läßt er sich auch mit den guten Werken vergleichen. Wie der Honig für den Winter, so sollen auch die guten Werke für die Ewigkeit gesammelt werden.

Die alten Deutschen schätzten den Honig sehr hoch, sie verstanden es aus demselben ein köstliches Getränke, den Met, zu bereiten. Derselbe war gewöhnlich das übliche Getränke bei ihren Zusammenkünften und Festlichkeiten.

    Munter an der Männer Tische
    Ging das Methorn in die Runde;
    Rascher klopften alle Herzen,
    Leichter glitt das Wort vom Munde.
                   Weber, Dreizehnlinden.

Met war aber auch der Haustrank in den Familien noch bei späteren Generationen. Man konnte denselben auf verschiedene Weise zubereiten. Guter alter Met kam bei Familienfesten an die Reihe, deshalb singt derselbe Dichter bei der Schilderung des Erntefestes:

    Schnitterdurst ist alte Sage:
    Eilt nun, gründlich ihn zu stillen.
    Brauner Met, ihr wackren Leute,
    Harrt auf euch in vollen Krügen;
    Trinkt und eßt und dann im Tanze
    Laßt die Mädchenzöpfe fliegen!

Unter solchem Met versteht man aber nicht jenes Getränke, das heute vielfach mit diesem Namen bezeichnet wird, und das man aus den Trestern, den Rückständen beim Honigauslassen herstellt, sondern dieser Met ist nichts anderes als Honigwein, welcher teils aus Honig und Wasser allein, teils mit verschiedenen Zusätzen bereitet wurde.

Dieser Honigwein kann schäumend oder moussierend hergestellt werden und ist unleugbar ein sehr **stärkendes, gesundes, durststillendes** und **blutreinigendes** Getränke.

Daher schrieben die alten Deutschen, die Griechen und Römer ihr hohes Alter und ihre außerordentlich kräftige Gesundheit vielfach dem Honig und Honigwein zu.

Heutzutage ist der Met manchem nur dem Namen nach bekannt, ja nicht einmal in altdeutschen Weinstuben ist der Wein der alten Deutschen noch zu haben. Möchten die Imker dieses vorzügliche Getränk unserer Vorfahren wieder mehr zu Ehren zu bringen suchen. Bei Imkerfesten und Imkeressen sollte Met und Honigkuchen nie fehlen; nur dann werden die Bienenzüchter Mut fassen, dieselben auch zu Hause selbst zu bereiten.

Drittes Kapitel.

Aus unsern Tagen.

Es mehret sich von Jahr zu Jahr
Fürwahr die edle Imkerschar.

Mit den Bienen ist es eine schöne Sache, wo sie hinkommen, da bringen sie Glück und Segen.

Es versteht sich von selbst, daß sie auch mit Liebe aufgenommen und behandelt werden müssen. Leider muß man sagen, daß dies heutzutage nicht in allweg der Fall ist. Ihr großer Wert wird unterschätzt, da man den nötigen Süßstoff für unser Zeitalter aus Rüben herstellt. Wie rauh dieser Rübenzucker dem Honig gegenüber schmeckt, davon kann sich jeder überzeugen, der beide nacheinander genießt.

Aber in diesem Zeitalter der Erfindungen und des Schwindels ist man auch so weit gekommen, sog. Honig auf künstliche Weise, ohne Bienen und Blüten herzustellen.

Statt die eifrige Pflege der Bienen sich angelegen sein zu lassen, erfrecht sich der Mensch an Stelle des hochedlen Honigs sein aus minderwertigen Süßstoffen hergestelltes Fabrikat „Honig" zu nennen und durch äußerlich bestechende Eigenschaften (schöne Farbe, Glanz, Durchsichtigkeit) und durch schöne Namen (Tafelhonig, Krystallhonig, Alpenhonig, Schweizerhonig) das Publikum zu blenden und das Produkt auf den Tafeln der Gasthöfe und der vornehmen Leute einzuschmuggeln. (Vergl. 8. Kapitel „Vom unechten Honig.")

Sodann giebt es in Stadt und Land noch viele Leute, welche irrtümlich behaupten, der Honig, welcher krystallisiere, weiß und fest werde, sei unecht, mit Mehl vermischt; wieder andere glauben, daß der echte Honig braun aussehen müsse, dies alles ist aber ein Beweis von Unwissenheit. (Vergl. 7. Kapitel „Vom echten Honig.")

Endlich ist in unserer Zeit noch darüber zu klagen, daß das Publikum durch den Preis des echten Honigs sich manchmal abschrecken läßt und lieber um einige Pfennige billiger ein oft gesundheitsschädliches Präparat kauft, das in keinem Falle so viel wert ist, als dafür bezahlt wird.

> Ist der „Honig" nur recht billig,
> Mir ist jeder „Honig" recht;
> Ist er billig, zahl ich willig;
> Ich find keinen „Honig" schlecht.

Von denjenigen aber wollen wir gar nicht reden, welche behaupten, Honig zu essen sei immer gefährlich, da derselbe giftig sein könne. Wir fragen nur: warum sind dann die Bienen nicht zuerst davon vergiftet worden?

Es sind allerdings Fälle bekannt, in welchen der Genuß des Honigs schadete, aber auch das Bier hat schon manchem geschadet, trotzdem es gesund war. Jedes Übermaß schadet. Ausnahmen hievon werden äußerst selten vorkommen.

Wollte ich noch weiter Klage erheben, so ginge es zunächst an die **Honighändler**, welche zwar echten Honig kaufen, aber denselben mit minderwertigem, ausländischem Honig, oder mit Syrup mischen und als echte Ware verkaufen, sodann aber wären zu tadeln die **Honigsieder**, welche den goldenen Nektar wohl den Bienen entnehmen, aber mit den Waben, mit Brut und Blütenstaub sieden, so den Geschmack gründlich verderben und den Wert vermindern, wodurch dann der Honig überhaupt beim Publikum in Mißkredit kommt, — allein ich will lieber reden von dem großen Aufschwung, den sowohl die Bienenzucht überhaupt, als speciell die Gewinnung des reinen Honigs in den letzten Jahrzehnten genommen hat.

Dr. Dzierzon, v. Berlepsch, Dathe, Gravenhorst, Gundelach, Huber, Kleine, Leukart, v. Siebold, Schönfeld u. a. sind es, welche das interessante Gebiet der

Bienenzucht als wahre Meister beherrschten und beherrschen, und welche es sich stets angelegen sein ließen, die Lehre von der Biene und ihrer Zucht zu vervollkommnen. Ehre und Dank gebührt ihnen hiefür.

Für die Honiggewinnung aber war die Erfindung der Honigschleuder durch den österreichischen Major v. Hruschka von epochemachender Bedeutung. Mit dieser Schleudermaschine kann der Honig den Waben entnommen werden, ohne diese zu zerdrücken und dadurch das Honigquantum zu steigern; der besondere Wert derselben aber besteht auch darin, daß es mit ihr möglich ist, den Honig rein, ohne Beimischung fremder Stoffe, zu gewinnen. Die zahlreichen Bienenzüchtervereine lassen es sich angelegen sein, ihren Mitgliedern das Auslassen des Honigs mittelst dieser Schleudermaschine zu empfehlen und das Publikum auf diesen sogen. Schleuderhonig besonders aufmerksam zu machen.

Es sind in der That in unserer Zeit auf dem Gebiete der Bienenzucht große Fortschritte gemacht worden, aufs neue ist die Honiggewinnung gesteigert worden durch die künstlichen Wabenmittelwände, so daß viele Bienenzüchter ihre Erträgnisse nicht mehr nach Pfunden, sondern nach Zentnern bemessen.

Wir dürfen uns wohl freuen, daß es so weit gekommen ist; allenthalben sehen wir wieder besetzte Bienenstände. Aber es ist nun auch an der Zeit, das Volk über den wahren Wert des Honigs zu unterrichten und darüber zu belehren, wie es dieses Geschenk Gottes in der Familie in gesunden und kranken Tagen verwenden soll, was ja der Zweck dieses Büchleins ist.

Viertes Kapitel.
Die verschiedenen Honigsorten.

Wie Gold so rein, wie Honig süß,
War's Leben einst im Paradies.

Man unterscheidet gewöhnlich **inländischen**, im eigenen Lande gewonnenen, und **ausländischen**, vom Auslande eingeführten, importierten Honig. Tafelhonig, Schweizerhonig, Krystallhonig ꝛc. ist künstlich gemacht, ist also kein Honig.

Der **einheimische** Honig ist viel vorzüglicher, reiner und feinschmeckender als der importierte, weil er mit mehr Sorgfalt ausgelassen und verpackt wird, während der **ausländische**, z. B. der sogen. Havannahonig, sehr häufig nur fabrizierte Ware ist, andernfalls aber den abgeschwefelten Stöcken entnommen und mit der Brut und dem Blütenstaub aus den Waben ausgepreßt wurde. — Wenn die Hausfrauen dieses Gemisch vor der Läuterung sehen würden, so würden sie sich gewiß mit Ekel davon abwenden und nur echten **Schleuderhonig** kaufen.

Der **feinste** Honig ist Blütenhonig vom Frühjahr und Sommer. Seine vorzüglichen Eigenschaften bleiben ihm aber nur dann, wenn er kalt ausgelassen, am besten, wenn er ausgeschleudert wird. Dieses geschieht mittelst größerer Schleudermaschinen, mit welchen der Honig aus mehreren Waben zugleich ausgeschleudert werden kann, oder auch durch die kleine Handschleuder, mit welcher jede Wabe besonders (auch solche aus Strohkörben), so lange der Honig flüssig ist, **rein** und ohne jede Beimischung geschleudert wird.

Der **feinste Honig ist also der Schleuderhonig**.

Eine vorzügliche Delikatesse ist dieser Blütenhonig, wenn er, so lange er noch flüssig ist, als **Wabenhonig** (also in kleinen Wabenstückchen) genossen wird, wobei man erst im Munde das Wachs ausscheidet.

Dieser Wabenhonig ist frischer gedeckelter Honig in neuen, weißen Waben. Bei der Verpackung in Kistchen wird jede Wabe extra (gewöhnlich mit dem Rähmchen) in Pergamentpapier sorgfältig verpackt.

Der Wabenhonig gehört auf jede vornehme Tafel, er wird auch vom verwöhntesten Feinschmecker in der Regel nicht verschmäht. Solche Waben sollen indes immer in mäßig warmem Zimmer aufbewahrt werden, damit der Honig nicht candiert.

F r i s c h e r   W a b e n h o n i g   i s t   s o m i t   d i e   a l l e r = f e i n s t e   S o r t e .

Dem Schleuderhonig am nächsten kommt der Seim= honig. Er ist aus reinen Waben, welche zerdrückt wurden, in der Sonnenwärme ausgelaufen.

Der Landhonig wird vielfach als der beste und unverdorbenste empfohlen, ist es aber keineswegs; denn Landhonig ist warm ausgelassener Honig. Solche Leute, welche von der Bienenzucht und von Schleudermaschinen nicht viel verstehen, haben ihren gewonnenen Honig in der Ofenhitze auslaufen lassen, dabei ist aber manches Aroma, mancher edle Teil desselben davongeflogen. Auch ist dieser warm ausgelassene Honig nicht so haltbar wie Schleuderhonig und hat auch den Wert desselben nicht.

Rosenhonig ist gereinigter Honig, welcher entweder mit einer Abkochung von Rosenblättern, oder mit Rosenöl vermischt wurde (Mittel gegen das Schwämmchen der kleinen Kinder).

Manche wollen den Honig aus gedeckelten Waben dem aus ungedeckelten vorziehen, indem sie behaupten, letzterer halte besser, er enthalte mehr Ameisensäure, da diese erst unmittelbar vor der Bedeckelung von den Bienen beigemischt werde.

Das landwirtschaftliche Laboratorium in Augsburg aber hat (nach d. Münch. Bzt.) Honig aus gedeckelten und solchen aus ungedeckelten Waben chemisch untersucht und in 10 Pfund von ersterem 5,6 g. und in 10 Pfund von letzterem 5,3 g. Ameisensäure gefunden, was ebensoviel als kein Unterschied ist. Somit ist Honig, der vor der Bedeckelung geschleudert wird, ebenso gut und haltbar, wie solcher aus gedeckelten Waben, was auch von jeher meine Überzeugung war. (Nur frischer Honig läßt sich gut ausschleudern, weshalb man nicht zu lange warten sollte.)

Fünftes Kapitel.
Vom echten Honig.

Merks: Nur Honig echt und rein,
Kann von guter Wirkung sein.

Woran erkennt man denselben?

Unter echtem, reinem Honig versteht man kalt ausgelassenen, sogenannten Schleuderhonig. Auch Seimhonig, der durch die Sonnenwärme geläutert wurde, kann hieher gezählt werden.

Wird dieser Honig einer niedrigen Temperatur, der Kälte ausgesetzt, im Sommer z. B. in den Keller gestellt, so verliert er seine Durchsichtigkeit und Dünnflüssigkeit, er kry stallisiert oder kandiert. Dieses ist aber gerade ein Beweis, daß es echter, reiner

Honig ist; denn gefälschter Honig krystallisiert, oder kandiert, verzuckert niemals, und warm ausgelassener, ausgesottener Honig nur, wenn strenge Kälte eintritt. Da dieser echte, krystallisierte Honig ziemlich weiß wird, so befürchten ängstliche Käufer, es sei Mehl darunter gemischt, was bei krystallisiertem Honig unmöglich ist, oder doch sofort entdeckt werden könnte. Stellt man das Gefäß, in welchem der krystallisierte Honig sich befindet, in warmes Wasser, so wird er alsbald wieder flüssig und hell wie frisch ausgeschleuderter Honig.

Da nun der Honig nicht bloß für den Gaumen ein Genuß ist, sondern auf den ganzen menschlichen Organismus einen höchst wohlthuenden, die Gesundheit fördernden Einfluß ausübt, so geht daraus hervor, wie höchst wichtig es sein muß, ihn rein und unverfälscht zu erhalten.

Bekanntlich halten Unwissende den immer flüssig bleibenden Honig für den echten.

Erklärte doch der Generalagent einer ersten Schweizer „Honighandlung" offen, daß jeder Schweizerhonig einen Zusatz von Capillärsaft (Stärkesyrup) erhielte, weil das Publikum wünsche, daß er flüssig bleibe und nicht krystallisiere, und gerade dieses Flüssigbleiben als Zeichen der Echtheit und Güte ansehe!

Wie verkehrt ist also oft die Ansicht des Volkes und wie not thut seine Aufklärung in dieser Sache.

Früher hat man vielfach behauptet, daß geschickt ausgeführte Fälschungen im Honig nur schwer oder gar nicht zu erkennen seien.

Es ist aber nach der „Pharmaceutischen Zentralhalle für Deutschland" heutzutage die Erkennung eines mit Stärkezucker versetzten Honigs außerordentlich einfach und zwar geschieht dieses durch den Wasserlein'schen Polarisationsapparat. Reiner Honig verhält sich gegen polarisiertes Licht neutral, oder lenkt die Ebene derselben schwach nach links, während jeder Honig, welcher rechtsdrehend wirkt, als unrein zu betrachten ist. Auch die kleinste Menge zugesetzten Stärkezuckers kann im Honig an diesem Verhalten erkannt werden.

Nebenbei mag erwähnt werden, daß Stärkezucker, resp. Stärkesyrup schädlich, ja direkt tötlich auf die Bienen einwirkt; es ist auch nicht ratsam, daß man Weine resp. Moste mit Stärkezucker zu „verbessern" sucht.

Sechstes Kapitel.

Vom unechten Honig.

Wozu der Bienen großes Heer?
Ach, dieses braucht man heut nicht mehr!
Den Honig kann man fabrizieren,
Drum fort geschwind mit diesen Tieren!

Es ist eine krankhafte Sucht im menschlichen Geiste, durch Kombination minderwertiger Stoffe anscheinend sehr wertvolle Gegenstände herzustellen. Wer denkt nicht an die Alchymie, (an die Goldmacherkunst), an die vielen Heil- und Wundermittel, an die Weinfabrikation u. a. Aber auch der Honig wird heutzutage in tausenden von Zentnern künstlich hergestellt und zwar wird ihm Farbe und Geschmack nach Wunsch des Publikums verliehen, welches sogar in seiner Unwissenheit den fabrizierten Honig vielfach dem echten Bienenhonig vorzieht. Eine vor mir liegende Postkarte aus B. lautet: „Ich bedaure Ihnen keine Bestellung aufgeben zu können, da meine Gäste an den dunkeln, klaren Gebirgshonig gewöhnt sind, und den weißen nicht gerne essen, so sehr ich auch von der Echtheit desselben überzeugt bin." N. N.

Was ist nun dieser dunkle, klare Gebirgshonig für ein edles Produkt?

Er ist nichts anderes als sog. fabrizierter Honig, auch Kunst- oder Tafelhonig genannt, der als „Echter Schweizerhonig", als „Echter Tafelhonig" vielfach in den Blättern ausgeschrieben ist.

Derselbe besteht nach der Züricher „Illustr. Bzt." aus einer Mischung von einem größeren Teile Krystall- (Stärke-) Syrup und aus einem kleineren Teile echtem, ausländischem, gereinigtem Honig. Letzterer muß dem Syrup nur Farbe und Geschmack geben. Entspricht die Farbe nicht, so kann dann irgend welche Substanz zum Färben benützt werden.

Krystallsyrup aber wird mittelst Schwefelsäure aus Kartoffelstärke hergestellt und ist keineswegs gesund. Dr. v. Planta sagt, daß der häufige Genuß von mittelst Schwefelsäure aus Kartoffelstärke hergestelltem Krystallsyrup oder Glukose unbedingt schädlich sei.

Wenn man bedenkt, daß z. B. im Jahr 1880—81 aus Havanna 2517360 Pfund und aus Nuevitas im Jahr 1881—82 5100000 Pfund Honig ausgeführt wurden, wovon Deutschland $2/3$, also 5 Millionen Pfund erhielt, so bekommt man eine Vorstellung von dem großartigen Verbrauche des ausländischen keineswegs echten Honigs in unserem Lande.

Wenn daher die inländischen Bienenzüchter sich dagegen erheben und Besteuerung dieses Fabrikats bei der Einfuhr desselben fordern, so geschieht es mit vollem

Rechte. Leider ist es Thatsache, daß selbst in manchen Apotheken sogen. Havannahonig zu den Arzneien verwendet wird; die Fabrikanten von Traubenbrusthonig und wie die viel empfohlenen Sachen alle heißen, nehmen zu ihren Mitteln keinen Bienenhonig. Auch die Konditoren kaufen selten inländischen Honig.

In Gravenhorst Bienenzeitung 1884 Nr. 9 erzählt H. Waruken in H., daß er Gelegenheit gehabt habe, mehrere hundert Fässer Cubahonig genau anzusehen und sagt: „Einige wenige Fässer zeigten schönen, weißen Honig, die große Mehrzahl dagegen enthielt greuliche Schmiere, dünnflüssig wie Wasser, voll Unrat.... Von einem Honiggeschmack war keine Rede.... All dieses ekelhafte Zeug wird nach Jahr und Tag im Honiggebäck für schweres Geld wieder angekauft, um als Leckerbissen verspeist zu werden. — Ich aber esse seit dieser Zeit keinen gekauften Honigkuchen mehr, wenn ich nicht weiß, er stammt von einem Bäcker, der mit Havannahonig nichts zu thun hat."

Beim Ankauf des Honigs soll man daher sehr auf der Hut sein, und sich nur an solche wenden, welche für die Echtheit der Ware Garantie leisten.

Dr. Ad. v. Planta hat in der schweizerischen Bienenzeitung folgendes Verfahren bekannt gemacht, um den echten vom unechten Honig zu unterscheiden:

Man mische ca. 2 Eßlöffel des betreffenden Honigs in einem Fläschchen mit ca. 6 Eßlöffel Alkohol (im Notfalle mit Schnaps oder Sprit) und schüttle die Mischung tüchtig durcheinander. Nach kurzem Stehenlassen findet man im Fabrikat (Tafelhonig benannt) einen dicken, weißen Niederschlag, im reinen Honig keinen; derselbe löst sich im Weingeist.

Daß die Fabrikate, mögen sie nun Schweizerhonig, Tafelhonig oder Kunsthonig heißen, kein Honig sind, sondern nur eine Syrupmischung, zu der vielleicht auch Honig benützt wird, dafür liegt der wissenschaftlich geführte Beweis vor und es braucht deshalb nicht weitläufig noch behandelt zu werden.

Der billigste Preis für solchen Honig ist zu teuer.

Zweiter Teil.
Der Honig als Nahrungsmittel. Seine Verwendung zu Speisen und Getränken.

Was unter den Tieren der Löwe,
Was unter den Metallen das Gold,
Was unter den Steinen der Diamant,
Das ist unter den Nahrungsmitteln der Honig.
(Vergl. Richter 14, 18. Psalm 18, 11.)

Die Hauptbedürfnisse im menschlichen Leben sind:
Wasser, Feuer, Eisen, Salz,
Milch, Weizenbrot, Honig,
Weintrauben, Öl und Kleidung.
Alles das gereicht den Frommen zum Guten.
(Ecclesiasticus 38, 31, 32.)

Iß, mein Sohn, Honig,
denn er ist gut,
und Honigseim,
welcher süß ist für deinen Gaumen.
(Sprichw. 24, 13.)

Ich kam in meinen Garten,
den Honigseim, samt meinem
Honig zu essen.
(Hohel. 5, 1.)

Honigseim träufelt von deinen Lippen,
Honig und Milch ist unter deiner Zunge.
(Hohel. 4, 11.)

Siebentes Kapitel.
Der Honig als Nahrungsmittel.

Hast du Honig gefunden, so iß, was dir genug ist,
Damit du nicht etwa übersatt es ausspeiest.
                        Sprichw. 25, 16.

    Daß der Honig ein vorzügliches Nahrungsmittel ist, kann niemand leugnen und bezweifeln. Sämtliche Teile aus dem Honig gehen in Fleisch und Blut über, wie von nur wenig Nährstoffen. Höchst wichtig aber ist, daß (nach Gravenhorst's Bienenztg. 1884 10. Hft.) der Honig als Nahrung ein Erzeuger der Wärme des Körpers, ein Beleber der Nerven und körperlichen Kräfte, ein Unterstützer aller Thätigkeit ist. Deshalb ist es von großer Wichtigkeit, ihn rein und unverfälscht zu erhalten.

    Honig enthält gerade solchen Zucker, der schnell und leicht die Verdauung fördert. Es empfiehlt sich daher auch, ihn mit solchen Speisen zu genießen, die weniger leicht zu verdauen sind. Der Genuß von Honig mit Brot, und besonders von Honig mit Butterbrot, als der besten Delikatesse der Welt, ist bekannt, und stimmt mit den Grundsätzen der Natur und des Geschmackes, aber besondere Erwähnung dürfte finden, 1) daß für Kinder, welche rasch wachsen und infolge davon gern matt und träge sind, nichts zuträglicher ist, als der

Genuß des Honigs in Verbindung mit anderen kräftigen Speisen. Viele Kinder haben ein großes Verlangen nach Zucker und Süßigkeiten, es liegt dies in ihrem ganzen Organismus, und ist in gar vielen Fällen keine verwerfliche Naschhaftigkeit, sondern ein wirkliches Bedürfnis; dieser Süßstoff ist zur Bildung, Erhaltung und Stärkung des Körpers notwendig; während gar viele sog. Zuckersachen eher schaden als nützen, Zähne und Magen verderben, bringt der reine Honig nur wohlthätige Wirkungen hervor.

Wer morgens

zum Kaffee

Honig genießt, der wird finden, daß der Hunger sich nicht so bald einstellt, wie wenn Zucker genommen wurde. Der Frühschoppen kann leichter entbehrt werden sagt Pf. Bz.

Wenn in der Milch Honig 4—6 Minuten lang gesotten und dieses getrunken wird, so wird dem Körper dadurch außerordentlich viel **Nahrung** zugeführt.

Was wir an Honig unserm Körper zuführen, das wird von demselben nicht wieder ausgeschieden, sondern wird vollständig verdaut, und Rückstände giebt es nicht, es ist also vollständig unser, und der Stoffwechsel schaltet frei und unbeschränkt darüber.

Schwächliche Kinder sollen täglich öfters einen Kaffeelöffel voll Honig in einer Tasse gekochter Milch erhalten.

Ein vorzügliches Mittel zur Blutreinigung und Stärkung ist Apfelmost mit Honig vermischt: „Das Gute liegt so nah!"

Auch als Futter für die Tiere kann der Honig verwendet werden.

Wenn er als

Bienenfutter

verwendet wird, so ist es gut, ihn zuvor aufzulösen und mit Wasser oder gesottener **Milch** verdünnt den Bienen zu reichen.

Sorgfältige Bienenzüchter vermischen denselben namentlich bei naßkalter Witterung mit **Quendelkrautwasser**, oder auch mit etwas gutem alten Wein, um die Bienen zu stärken, damit sie nicht wie so viele Bienchen im Frühjahr vor Schwäche und Mattigkeit unterliegen. Wer dieses mehrere Tage fortsetzt, kann sich von der ausgezeichneten Wirkung augenscheinlich überzeugen.

Ein vorzügliches

Futter für Fische

wird dadurch hergestellt, daß man Honig mit geröstetem Gerstenmehl und Thon vermischt, dieses durcheinander knetet, dann Klöße oder Kügelchen daraus macht. Das Fleisch der Fische wird dadurch fett und schmackhaft.

Achtes Kapitel.

Honigspeisen.

*Des Imkers Frau sie soll versuchen
Auf's Fest zu backen Honigkuchen.*

Der Honig zu verschiedenen Bäckereien.

Da der Honig die charakteristische Eigenschaft besitzt, sein Aroma, d. h. seinen Geruch, den Gegenständen mitzuteilen, mit welchen er in Berührung kommt, so empfiehlt er sich sowohl zu feinen Bäckereien, als auch zu gewöhnlichem „Hutzelbrot".

Nachstehende Rezepte, welche teils einfach gehalten, teils ausführlich behandelt sind, werden mancher Hausfrau erwünscht sein:

Honigkuchen.

Honig 1 lt., ½ Pfd. frische Butter, den Saft von 2 Citronen, etwas gemahlene Muskatnuß. Schmilz etwas Butter, und vermische alles durch Umrühren. Nimm 1½ bis 2 Pfd. Mehl und mache einen Teig, der sich leicht ausrollen läßt, bearbeite ihn gut, forme ihn in Blätter von 1 cm Dicke, schneide ihn in Stücke und backe diese leicht in Butter. (F. R. Cheshirre.)

Einfacher Honig-Theekuchen.

Ein Tassenköpfchen voll Schleuderhonig, ½ dto. dicke, heiße Sahne, 2 Eier, ½ Tassenköpfchen voll Butter, 2 dto. voll Mehl, ½ Theelöffel voll Soda, 1 dto. voll Cremor tartari. (Gravenhorst Bienenztg.)

In Nro. 113 des praktischen Wochenblattes „Fürs Haus" lesen wir folgendes Rezept:

Feiner Honigkuchen.

2 kg Honig, 250 g Butter, 2 kg Mehl, ½ kg Zucker, 125 g Succade, 4 g feinen Zimmt, 1 Muskatnuß, 4 g Nelken, 6 g Cardamom, 4 g pulverisierte Orangenschale, 125 g Mandeln, teils gewiegt, teils zur Verzierung, und zuletzt 70 g in ¼ Liter Rum aufgelöste Pottasche, werden in bekannter Weise zum Teig vermengt. Dieser wird ausgerollt, man formt kleine

Kuchen daraus und backt sie. Für Kinder nimmt man weniger Gewürze.

Hermine.

Pfefferkuchen.

3½ kg Weizenmehl, 3 kg Honig, 1 kg Zucker, 750 g süße Mandeln, 70 g bittere Mandeln, 125 g getrocknete und 125 g überzuckerte Pomeranzenschale, von 4 Zitronen die Schale, 120 g gereinigte Pottasche, 20 g Cardamom, 15 g Nelken, 35 g Zimmt und 250 g Butter. Die getrocknete Pomeranzenschale wird, nachdem sie in reichlichem Wasser weich gekocht und alles Weiße herausgeschabt ist, klein gewiegt, mit dem Zucker, dem Honig und der Butter aufgekocht, dann wird die Pottasche, die man 24 Stunden vorher in ⅔ Liter warmem Wasser auflöst und stehen läßt, durch ein leinenes Läppchen hinzugegossen. Nachdem das Ganze etwas abgekühlt ist, wird es in das Mehl gegossen, das angegebene Gewürz und die abgeriebene Zitronenschale fein gestoßen und die Mandeln nach Belieben fein oder grob gewiegt hinzugethan. Nun wird alles tüchtig durchgearbeitet, damit sich keine Mehlklümpchen bilden. 8 bis 10 Tage läßt man den Teig ruhig zugedeckt in der Speisekammer stehen, schneidet ihn dann, da er ganz steif ist, aus der Schüssel, arbeitet ihn tüchtig durch und rollt die Kuchen in beliebiger Form und Größe einen Finger dick aus, garniert sie mit Mandeln und der in Streifen geschnittenen Pomeranzenschale und läßt sie in ziemlich heißem Ofen backen. Sobald sich die Kuchen trocken anfühlen, werden sie mit in Wasser etwas dicklich aufgelöstem Gummi-Arabicum bestrichen und nach einem Weilchen zum Trocknen in den Ofen geschoben. Ist der Ofen zu heiß, so bekommt der Kuchen Blasen. Haupt=

bedingung des Gelingens ist gute Pottasche, die man stets nur in der Apotheke holen darf. Ist der Pfefferkuchen genau nach dem Rezept bereitet, so giebt er dem besten Thorner nichts nach und hält sich über ein Jahr gut. Sollte der Teig zu steif sein, da das Mehl verschieden quillt, so knetet man vor dem Backen einige ganze Eier dazwischen. Pauline A. von Berlin.

Einfaches Rezept für guten

Pfefferkuchen.

250 g Zucker, 60 g bittere, 200 g süße, grob geschnittene Mandeln, 32 g Zimmt, 10 g Cardamom, 8 g Nelken ganz fein gestoßen, 1½ kg Weizenmehl werden mit 1 kg kochendem Honig gut vermengt. Dann giebt man 7 Gelbeier, 1 Tasse Rosenwasser, 64 g in 2 Löffel Rum aufgelöste Pottasche, nach Belieben fein geschnittene Zitronen- und Pomeranzenschale hinzu. Dieser Teig wird gut geknetet, dünn aufgerollt, auf Blechen 24 Stunden am warmen Ofen stehen gelassen und 1 Stunde gebacken. Martha S.

Honig-Citronenkuchen.

Ein Tassenköpfchen voll Butter, 2 dto. mit Honig, 4 gutgeschlagene Eier, einen Theelöffel voll Zitronenessenz, ½ Tassenköpfchen voll saure Milch, einen Theelöffel voll Soda, Mehl genug, um die Masse steif bei gutem Durcheinanderrühren zu machen. Backe es auf einmal in einem Ofen. (Bee Journal.)

Honig-Schwammkuchen.

Ein großes Tassenköpfchen voll Honig, 1 dto. Mehl, 5 Eier. Das Gelbe derselben kommt zu dem Honig und das Weiße wird zu Schnee geschlagen. Unter so wenig Umrühren wie möglich wird alles gemischt und hierauf gebacken. Durch etwas Zitronensaft erhält der Kuchen noch einen besseren Geschmack.

Honig-Fruchtkuchen.

4 Eier, 5 Tassenköpfchen Mehl, 2 dto. Honig, 1 dto. Butter, 1 dto. süße Milch, 2 Theelöffel voll Cremor tartari, 1 dto. Soda, 1 Pfund Rosinen, 1 Pfund Korinthen, je einen Theelöffel voll Gewürznelken, Zimmt und Muskatnuß. Backe es in einem Ofen bei langsamem Feuer. Dieser Kuchen ist nach Monaten noch ebenso schön wie frisch gebacken.

NB. Die Honigkuchen zeichnen sich vor andern aus 1) durch ihre außerordentlich leichte Verdaulichkeit, 2) durch ihren bedeutenden Nährwert und 3) durch ihren angenehmen, köstlichen Geschmack.

Nachdem nun hier eine ganze Auswahl von Rezepten zu Honigbackwerken aufgeführt ist, möge jedes sich hievon auswählen, backen und selbst herausfinden, was am besten ist. Als Regel gilt: **Je besser der Honig, desto schöner das Gebäck, desto feiner der Geschmack, desto frischer die Farbe und Glasur und desto gesunder und leichtverdaulicher der Kuchen.**

Honig-Lebkuchen.

Nehme 1 Liter Honig, lasse ihn in einer Pfanne vergehen, thue 500 g gestoßenen oder geriebenen Zucker, 125 g Zitronat, 125 g Pomeranzenschalen, auch Zitronenbizeln, 500 g fein zerschnittene Mandeln, 30 g Zimmt, 8 g Nelken, 2 Messerspitzen voll Pottasche dazu, hierauf mische so viel Mehl damit, als der Teig anzieht, worauf das Ganze auf einem Brett ausgewellt wird.

Nun werden viereckige Lebkuchen daraus geschnitten, diese auf ein mit Mehl bestreutes Blech gelegt und im Ofen gebacken.

Honig-Eier-Lebkuchen.

Zu ½ Liter Honig, den man aufkochen läßt, rührt man 180 g Zitronat und Pomeranzenschalen, 200 g klein geschnittene Mandeln und mengt so viel Mehl dazu, daß die Masse so dick wie Spatzenbrei ist, hierauf werden 3 Eier mit ½ Pfund Zucker leicht angerührt und mit 1 Zitrone, 15 g Zimmt, 8 g Nelken und so viel Mehl vermengt als hinein geht. Ist die erstere Masse mit dem Honig erkaltet, so werden beide Teige zusammengeknetet, etwas Pottasche dazu gemischt, dann die Lebkuchen daraus geformt und diese auf ein mit Mehl bestreutes Blech gelegt und gebacken.

Als einfachstes und bestes, auch billigstes

Rezept für Lebkuchen

ist (nach der Münchener Bienenzeitung 1884 Nro. 24) folgendes erprobt:

Nimm 1 Pfund Roggen- (gewöhnliches Hausbrot-) Mehl, mache ½ Pfund Honig gut warm, mische dann Mehl und Honig mit 2 Eiern, dann etwas Zimmt, gestoßene Nelken, Zitronat und Mandeln nebst einem halben Kaffeelöffel voll Pottasche (in Wasser gelöst) recht gut knetend durcheinander und lasse dann die ziemlich weiche Teigmasse einige Tage an kühlem Orte ruhen. Die Gewürzmengen richten sich nach dem Geschmack, ebenso Mandeln und Zitronat. Man kann dann auch ein Weingläschen voll Rum oder Kirschenwasser beisetzen. Hat der Teig so weit angezogen, daß er gut wie fester Nudelteig ist, wird er auf Kleinfingerdicke ausgewalkt, ein Backblech mit Butter schwach bestrichen, der Teig rasch auf dasselbe und in das gelinde geheizte Bratrohr gebracht. Nach etwa einer Stunde bei gelindem Feuer ist der Lebkuchen fertig und wird dann, bevor er ganz erkaltet ist, in passende Stücke geschnitten. Damit er etwas Glanz erhält, überstreicht man den Kuchen gleich vom Bratrohr her leicht mit warmem Honig. Dieser Lebkuchen schmeckt gut und wirkt erweichend.

Rezept zu den bekannten Memminger Leckerlein.

Eine Maß Honig (etwa 1½ Liter) wird in eine Pfanne gemessen, dann gesotten bis er steigt, hierauf vom Feuer abgenommen, nun abermals auf gelindem Feuer nochmals langsam steigen lassen. Jetzt wird er abgeschäumt und 2 Pfund Zucker hineingesäet, worauf man ihn zum drittenmale steigen läßt. Nun gießt man zwei Löffel voll Kirschenwasser daran und thut alles in eine große Schüssel und läßt es erkalten. So lange es jedoch noch lau ist, werden folgende Gewürze, welche alle gröblich gestoßen oder gewiegt wurden, beigemischt:

2 Loth	Zimmt,	4 Loth	Zitronat,
1 „	Nelken,	4 „	Pomeranzenschalen,
1 „	Muskatnuß,	1 „	Muskatblüte
1 „	Zibeben,		und von 4 Zitronen die
1 „	Cardamomen,		Schalen.

Zu dieser Masse werden 4 Pfund Mehl Nr. 2 gesiebt und nach und nach in den Teig geknetet. Nun nimmt man ein Stück Teig heraus, formt ihn in eine lange Nudel und schneidet davon Stückchen je 3 Loth schwer ab.

Nun wird ein hölzerner Leckerlmodel mit Mehl fein bestäubt, die Stückchen Teig ausgewergelt und auf die Form gedrückt. Hernach auf Oblaten gelegt und auf ein Backbrett gethan, über Nacht stehen gelassen und am folgenden Tage im Backofen gebacken. (Frau B. v. L.)

Neuntes Kapitel.
Honiggetränke.

Der Met ist edler Honigwein,
Er soll bei dir der Haustrank sein;
Er ist gesund für Brust und Herz,
Vertreibt den Ärger und den Schmerz,
Wirkt stärkend auf den Magen
Und hilft in tausend Plagen.

Aus Honig kann man die verschiedensten Getränke bereiten und zwar aus Honig und Wasser allein, oder aber kann der Honig als Haupt- oder Nebenbestandteil von Getränken, zu welchen die verschiedensten anderen Stoffe verwendet werden, Anwendung finden.

Ich kenne kein Getränke, welches mit Honig genossen schädlich wirkte. Selbst Honigbrot schmeckt zum Bier ganz gut.

Wein, Most, Thee, Kaffee, Liqueure ꝛc. aber verbessert der Honig in auffallender Weise.

Die Bereitung des Honigweins aber muß den Bienenzüchtern besonders empfohlen werden. Wer einmal hiezu eingerichtet ist, dem macht dieselbe weder viele Mühe noch Auslage.

Nachstehende Rezepte werden manchem Imker sehr erwünscht sein.

Ausführliches, höchst praktisches

Rezept für Honigwein.

(Von Herrn Postexpeditor Oberbiegler in Pfaffenhofen, Bayern, einem ebenso tüchtigen Bienenzüchter, als praktischen

Honigweinfabrikanten, der in guten Honigjahren hunderte von Litern bereitet, und auf Bestellung versendet.) Er schreibt:

„Nach vielen Versuchen ist es mir gelungen, aus Honig ein Getränke herzustellen, das einem guten echten Traubenweine täuschend ähnlich und überhaupt als ein sehr stärkendes, die Verdauung beförderndes, blutreinigendes Getränk bezeichnet werden darf, das wohl auch jenem Getränke der alten Deutschen, welches unter dem Namen Met bekannt ist, am nächsten steht. Es ist nicht süß, wie viele der Meinung sind, obwohl es nur aus Honig und Wasser bereitet wird.

Dieser Honigwein kann jahrelang aufbewahrt werden und wird je älter, desto besser, nur muß bei der Bereitung und namentlich während des Gärungsprozesses der nötige Fleiß darauf verwendet werden. Ich verfahre wie folgt:

Der zur Honigweinbereitung zu verwendende Kessel hält 55 lt. In diesen schütte ich etwa 45 lt Wasser, decke es zu und heize tüchtig, um das Wasser baldigst zum Sieden zu bringen.

Sodann bringe ich den Honig hinzu und zwar auf 10 Liter Wasser 1 Liter (ca. 3 Pfd.) Honig, somit in meinen Kessel 5 lt = 14—15 Pfd. Dadurch wird der Kessel beinahe voll, jedoch darf er beim Aufwallen nicht überlaufen. Von jetzt an darf die Sache nur noch gelinde sieden. Bald fängt der „Wein" an stark zu schäumen, so daß eine Person stets dabei sein muß, um fleißig abzuschäumen, bis jenes selbst aufhört. Volle 3 Stunden lasse man den „Wein" sieden; denn je länger er gesotten, desto haltbarer wird er auch. Das Verhältnis von 1 zu 10 ist das richtige. Wird an einem Tage zweimal gesotten, was bei mir gewöhnlich der Fall ist, so bringe man den erstgesottenen Wein in ein hölzernes Gefäß (Wasserstande und dergl.), da er durchaus nicht heiß, sondern lauwarm in's Faß gebracht werden darf. Das für den Wein bestimmte Faß (ungepichtes) muß vollständig rein, etwa auch ausgeschwefelt sein, und ganz voll gemacht werden. Ein Teil des Weines wird in Flaschen gefüllt, etwa 5—8 lt, je nach der Größe des Fasses und mit zusammengedrehter Leinwand leicht verstopft.

Über das Spundloch des Fasses legt man doppelte Leinwand, und auf diese ein Sandsäckchen oder drgl.

Der Wein fängt bald stark zu gären an; namentlich bei warmer Temperatur; deshalb ist es ratsam, schon im Sommer, etwa nach dem ersten Ausschleudern mit der Honigweinbereitung zu beginnen; so lange es noch warm ist, geht die Gärung schneller vor sich. Gut ist es deshalb auch den Wein anfänglich nicht im Keller aufzubewahren, ihn vielmehr erst dann dorthin zu bringen, wenn die Gärung beinahe vollendet ist. Durch Gärung und Verdunstung geht der Wein im Faß beständig zurück, es muß deshalb mit dem in den Flaschen aufbewahrten Wein täglich nachgefüllt werden. Was bei der Gärung ausgeschieden wird, darf nicht im Faß bleiben; denn dieses würde eine Art Schimmel auf dem Weine bilden und denselben verderben. Sollte etwa der in Flaschen aufbewahrte Wein zum Nachfüllen nicht ausreichend sein, so nehme man Wasser, das zuvor abgesotten wurde. Solches kann auch zum ersten Ausfüllen des Fasses, wenn der Wein etwa zum Vollmachen nicht ausreichend war, benützt werden. Auf die richtige Gärung muß die größte Sorgfalt verwendet werden. Vernachlässigung des Ausfüllens u. drgl. können die Verderbnis des Weines zur Folge haben.

Nach circa 5—6 Wochen wird der Wein abgezogen, indem man ihn in ein anderes weingrünes Faß bringt, oder aber am einfachsten mittelst eines Gummischlauches durch das obere Spundloch in eine Wasserstande abzieht, da er auf diese Weise ruhig abläuft und der Satz zurückbleibt, worauf sofort das Faß sorgfältigst gereinigt und der Wein wieder in dasselbe zurückgebracht und mit abgesottenem Wasser aufgefüllt wird. Nach einigen Tagen kann das Faß leicht verspundet werden.

Es ist jedoch notwendig wiederholt nachzusehen, und das Faß zu öffnen, um sich davon zu überzeugen, daß die Gärung vollendet und ein Zerspringen des Fasses nicht mehr zu befürchten ist; erst dann darf es fest verspundet werden. Sollte der Wein dennoch nicht ruhig werden, so muß er zum zweitenmale abgelassen werden.

Um dem Weine einen angenehmeren Geschmack zu geben, bindet man gröblich zerstoßene Zimmtrinde und eine Muskatnuß in ein Leinwandsäckchen und hängt dies durch das Spundloch des Fasses in den Wein. Später kann der Wein in Flaschen abgezogen werden, was jedoch nicht absolut notwendig ist.

Ist der Wein zeitig und will man seinen täglichen Bedarf aus dem Faß nehmen, so ist es am besten, wenn man denselben mittelst eines Gummischlauches durch das obere Spundloch herauszieht. Erst nach Verfluß eines Jahres, unter Umständen noch später, bekommt dieses Fabrikat seinen Traubenweingeschmack, und ist diesem auch täuschend ähnlich.

Zu früh verwendeter Wein schmeckt süßlich, daher man nicht selten sagen hört: Honigwein ist ein süßliches Gebräu, eitle Honigverschwendung; dies kommt aber daher, weil die Bereitung und Behandlung häufig zu oberflächlich vorgenommen oder nicht mit Verständnis und den nötigen Vorkenntnissen gehandhabt wird.

Wer genau nach der hier angegebenen Weise verfährt, darf ein Mißlingen in keinem Falle befürchten.

Damit recht viele Bienenzüchter sich entschließen möchten, die Honigweinfabrikation ernstlich zu betreiben und vor Mißerfolgen bewahrt zu bleiben, wurde dieses Rezept ziemlich ausführlich behandelt.

Dieser Wein besteht also nur aus Honig und Wasser, indem selbst das Einhängen von Zimmt und Muskatnuß nur Nebensache ist; es können aber auch dem Honigwein verschiedene Stoffe beigemischt werden, z. B. Heidelbeersaft u. dergl., auch kann ihm etwas Tanin, Gerbestoff zugesetzt werden, wodurch er mehr Schärfe bekommt. Jeder sehe, wie ers treibe."

Um aber die Metbereitung, Honigweinfabrikation, noch allgemeiner zu machen, wollen wir auch hören, wie es andere Herren halten:

Der bekannte Bienenzüchter, Herr Pfarrer Kneipp in Wörishofen, sagt in seinem Bienenbüchlein:

Rezept für Honigwein.

Lasse 60—65 Liter weiches Wasser in einem recht reinlichen Kessel ziemlich warm werden, rühre nun ca. 6 Liter Honig daran und lasse die Masse $1\frac{1}{2}$ Stunden recht gelinde unter zeitweiligem Abschöpfen des Schaumes sieden.

Nach dem $1\frac{1}{2}$ Stunden langen Sieden wird das Honigwasser in irdene und blecherne Geschirre in kleinere Portionen verteilt und darin so weit abgekühlt, daß es nur noch so warm ist, wie ein längere Zeit in der Sonnenhitze gestandenes Wasser.

Nach dieser Abkühlung bringt man das Honigwasser in ein gut gereinigtes Faß und legt den Zapfen auf das Spundloch, ohne ihn zu befestigen. In einem ziemlich warmen Keller beginnt nach 5—10 Tagen die Gärung, die man ungefähr 14 Tage dauern läßt, wornach man die gegorene Masse unter Zurücklassung der Hefe in ein zweites, reines Faß abzieht, in diesem noch 10—14 Tage gären läßt, und wenn sie ruhig geworden ist, das Spundloch schließt. 3—4 Wochen später ist der Wein hell und trinkbar und wird nun in Flaschen gut verstopfelt und im Sand aufbewahrt.

Hiezu kann bemerkt werden:

1) Wer zwei Fässer hat, nehme das größere zum Gärfaß, das kleinere zum abzufüllenden Wein. Wer nur ein Faß hat, muß den Wein vorübergehend in ein anderes Gefäß ablassen, bis das Faß gereinigt ist, aber dann noch Honigwein zum Auffüllen extra haben.

2) Sowohl beim Honig als beim Honigwasser ist auf Entfernung jeder Unreinlichkeit möglichste Sorgfalt zu verwenden, daher soll man dem Abschäumen beim Sieden und dem Filtrieren beim Ablassen (d. h. jede trübe Flüssigkeit soll geseiht werden) besondere Aufmerksamkeit schenken.

3) Um dem Honigwein ein entsprechendes Aroma, auch eine andere Farbe zu geben, aber auch um seine Gärung zu befördern, kann ins Gärgefäß der Saft von Johannisbeeren, Stachelbeeren, Erdbeeren, Himbeeren, Heidelbeeren, Brombeeren zugegossen werden.

4) Von Hollunderbeeren und schwarzen Johannisbeeren bekommt der Wein eine schöne dunkle Färbung. Der Saft aus Schlehen enthält besonders viel Gerbsäure.

5) Der Saft aus Kern- und Steinobst (welches jedoch ganz reif sein muß und keine fauligen Stoffe enthalten darf) macht den Honigwein stärker.

6) Um den Eintritt der oft sehr lange zögernden Gärung zu beschleunigen, empfiehlt es sich, bei der Füllung des Gärfasses einen Löffel voll Weinhefe zuzusetzen. Diese Hefe verliert aber ihre Kraft, wenn das Honigwasser nicht genügend abgekühlt wurde. (Man lernt nie aus, daher mögen diese Notizen manchem erwünscht sein.)

Einfaches kurzes Rezept zu einem gesunden Tischwein.

Auf einen Hektoliter gepreßte Weintrauben nehme circa 5 kg Honig und 20 Dolden Hopfen, schütte 50 bis 100 Liter lauwarmes Wasser darüber, lasse die Masse gären und hernach keltern. Auf diese Weise erhält man einen gesunden Tischwein, dem der Hopfen ein feines Bouquet gegeben hat. Die ausgepreßten Treber liefern nachher einen guten Branntwein. (E. L. Bz.)

Rezept für Honigpunsch.
(Aus der Münchener Bienen-Zeitung 1884 Nr. 24.)

Nimm für zwei Männer einen Liter Wasser mit 250 g (½ Pfund) Honig, etwas Zimmt und einige wenige Nelken, sowie etwas fein abgeschälte äußere gelbe Orangen- oder Zitronenschale und den Saft von einer Orange (Pomeranze) oder Zitrone. All dieses koche so lange, bis es etwa um ein Sechstel der ganzen Masse eingekocht ist, wobei der sich bildende Schaum abgeschöpft wird. Den Saft der Orange oder Zitrone kann man auch erst nach dem Kochen beifügen, was ich mehr noch empfehlen möchte, als vor dem Kochen. Sodann seihe man die ganze Masse durch ein reines Tuch in eine Punschterrine und gieße ein Weinglas guten Arak daran, so ist der Punsch fertig.

Kalt schmeckt dieser Punsch noch besser als warm. Will man ihn ganz hell und von prachtvoller Farbe haben, so filtriere man ihn durch Filtrier= oder Lösch=papier. In Glasflaschen gut verstopselt kann man den Punsch wochenlang aufheben. Je nach dem Geschmacke kann man von dem einen oder andern Stoffe mehr oder weniger nehmen.

Zu diesem Punsche schmecken die aus eigenem Honig gebackenen Lebkuchen gar nicht übel.

(Fr. v. R.)

Rezept, um einen köstlichen Honig=Champagner zu bereiten.

Ein Quantum Honig wird in Wasser gelöst, das so süß wie recht süßer Kaffee sein muß, und nun so lange gekocht und abgeschäumt, bis es ganz klar ist.

Hierauf füllt man die Masse in ein hölzernes Ge=fäß, setzt nach dem Erkalten ein Stückchen Hefe zu und läßt sie bei 10 Grad 6 und bei 15 Grad 3 Tage gären. Alsdann seiht man alles durch Filz oder durch zwei aufeinander gelegte Bienentücher und füllt damit gute starke Weinflaschen, die fest verkorkt und mit einem Draht=verschluß versehen werden müssen. Diese Flaschen legt man nun im Keller auf die Seite. Nach 4—6 Wochen kann man das Getränk, das sich jahrelang hält, pro=bieren, nur muß man sich bei Abnahme des Drahtes in Acht nehmen, daß der Pfropfen nicht absliegt und ein großer Teil des Getränkes aus der Flasche braust.

Wer gelernt hat, sich diesen Brausewein mund=gerecht zu bereiten, wird ihn später nicht gerne wieder entbehren.

("Gravenhorsts illustrierte Bienenzeitung".)

Ähnlich wie der Honigwein wird das

Honigbier

bereitet. Zu jedem Pfund Honig nimmt man 4—5 Liter Wasser. Man läßt es bei gelindem Feuer $1/2$ Stunde kochen, mischt der Flüssigkeit ein klein wenig guten Hopfen bei und schöpft den Schaum fleißig ab, worauf man das Getränk, nachdem es sorgfältig durchgeseihet ist, lau werden läßt, hierauf etwas gute Bierhefe dazu mischt und in ein Faß zur Gärung abfüllt. Nach derselben kann es sogleich getrunken werden, besser aber wird es, wenn man es in Flaschen abfüllt und diese gut verkorkt.

(Wer all das über die Bereitung der Honiggetränke Gesagte sorgfältig durchgegangen hat, wird nun imstande sein, sich einen guten Haustrank zu bereiten, auf diese Weise seinen Honig vorteilhaft zu verwerten, und seine Ausgaben für andere Getränke zu vermindern.)

Honigessig zu bereiten.

Von Honigresten und minder gutem Honig nehme auf 6 Liter Wasser 1 kg Honig, eine Brotrinde oder etwas Sauerteig, stelle das steinerne Essigfäßchen an einen warmen Ort, nach beendeter Gärung decke das Spundloch zu, jedoch um den Luftzutritt nicht ganz zu verhindern, nur mit einem Läppchen. Ist der Essig blank geworden, so ist es gut, wenn er zum Aufbewahren in Flaschen abgezapft wird.

Zehntes Kapitel.

Das Einmachen der Früchte mit Honig.

Früchte, welche mit Honig eingemacht werden, sind wohlschmeckender und haltbarer, als solche, bei welchen Zucker verwendet wird.

Der Honig teilt nemlich diesen Früchten von seinem feinen Aroma mit; er enthält aber auch eine Substanz, die sog. Ameisensäure, welche vor Fäulnis und Gärung bewahrt. Diese Ameisensäure hat einen milderen Geschmack, als die vielfach beim Einmachen von Früchten verwendete Essigsäure. Jene heißt Ameisensäure, weil sie sich auch bei den Ameisen vorfindet. Öffnet man einen Bienenstock, oder reizt auf irgend eine Weise die Tierlein, so strecken sie ihren Hinterleib in die Höhe, zeigen den Stachel und lassen den Feind ihr Gift (die sog. Ameisensäure) riechen. Jeder Bienenzüchter kennt diesen scharfen Geruch genau.

Von dieser Ameisensäure bekommt nun auch der Honig seinen Teil und bewahrt denselben vor Gärung. Aber auch den mit Honig eingemachten Früchten wird diese Haltbarkeit mitgeteilt.

Beim Einmachen selbst sind folgende Regeln zu beobachten:

1) Es ist sehr gut, wenn der zum Einmachen von Früchten verwendete Honig geläutert wird; dadurch verliert er den eigentümlichen Geschmack, welchen manche Leute nicht gut ertragen können.

Die Läuterung des Honigs

geschieht auf folgende Weise:

Man nimmt zum Honig doppelt oder 1½ mal so viel Wasser als es Honig ist, und macht ihn ohne großer Hitze dünnflüssig, wobei man jede Unreinigkeit sorgfältigst abschäumt, hierauf wird er durch starkes Fließ- oder Filtrierpapier, oder durch doppelte Tücher heiß geseiht. Da aber Kohle jede Unreinigkeit anzieht, so kann solche der Flüssigkeit zugesetzt werden, oder aber kann (nach Rothschütz) gekörnte Knochenkohle auf das Filtriertuch oder -Papier gelegt werden. Außer der Anwendung der Kohle kann man aber auch rotglühendes Eisen mehrere mal in der Flüssigkeit ablöschen. Hierauf wird die gereinigte Masse wieder entsprechend eingekocht und kann nun zum Einmachen Verwendung finden.

2) Mit 1 Pfd. Honig lassen sich je 4 Pfd. Früchte einmachen. Bei solchen Früchten, welche selbst wenig Süßstoff enthalten, nimmt man zu 1 Pfd. Honig nur 3 Pfd., oder noch weniger Früchte.

3) Kernobst muß sorgfältigst geschält, in mehrere Teile zerschnitten, und das Kernhaus entfernt werden. Dieses kann auch mit einem Hornmesser geschehen.

4) Steinobst, welches eingemacht wird, soll noch etwas hart sein; auch müssen die Stiele abgepflückt werden.

5) Die einzumachenden Früchte werden etwa fünf Minuten in kochendes Wasser geworfen, und dann mit kaltem Wasser abgekühlt, worauf man sie auf einem Durchschlag oder Sieb abtrocknen läßt.

6) Nun werden sie mit Honig, oder auch mit Honig und Fruchtsaft, wenn möglich von derselben Frucht-

gattung, nochmals erhitzt, heiß in die Gefäße gebracht und diese nun luftdicht verschlossen.

7) Hat man passende Gläser, so können die Früchte mit dem geläuterten Honig das 2temal in diesen Einmachgläsern in einen Kessel mit Wasser gestellt werden, das nach und nach immer mehr erwärmt wird, worauf man es wieder erkalten läßt. Schon vor dem Einstellen werden sie mit einer Blase oder Pergamentpapier zugebunden.

8) Bei harten Früchten, z. B. bei Stachelbeeren ꝛc. wird dem Wasser beim Absieden etwas Salz und 1 Löffel voll Essig beigemischt.

9) Darf man die Früchte nicht sparen, so wird aus einem Teil derselben nach dem Absieden Fruchtsaft gepreßt, und dieser zum geläuterten Honig genommen, nur soll dann beides nochmals recht durchwärmt und abgeschäumt werden.

10) Das Einmachen von sorgfältig ausgewählten, trockenen Früchten kann auch auf einfachere Weise dadurch geschehen, daß man diese in Einmachgläser legt, mit Schleuderhonig übergießt und luftdicht verschließt (wie dies mit Präparaten in Spiritus geschieht). Der Honig muß natürlich die Früchte ganz zudecken, und wenn man diese sehr lange aufbewahren will, so kann der Honig noch mit einer Wachsschicht übergossen werden. Alles Eingemachte muß aber an einem kühlen, trockenen Orte aufbewahrt werden.

Nach dem Gesagten sind specielle Rezepte für die einzelnen Früchte nicht mehr notwendig, da indeß

Süße Gurken

etwas anders behandelt werden müssen, so beachte man Folgendes:

Zu 3 Pfd. Gurken nehme man ½ Pfd. Honig, ½ Pfd. Zucker und ½ lt Weinessig. Die Gurken müssen geschält, in mehrere Teile geteilt und die Kerne mit einem silbernen Löffel herausgenommen werden.

Nun läßt man die Früchte 5 Minuten in Wasser mit etwas Salz sieden und dann auf einem Durchschlag ablaufen. Es ist zu empfehlen, in jeden Schnitz ein Stückchen Zimmt und 1 Gewürznelke zu stecken. Nachdem man den Honig, Zucker und Essig erwärmt hat, werden die Gurken in demselben noch 5 Minuten gelinde gekocht; hierauf läßt man die Gurken abkühlen, worauf der nochmals erwärmte Saft heiß in die mit den Gurken gefüllten Einmachgläser gegossen und diese nun luftdicht verschlossen und kühl aufbewahrt werden. (Katharina.)

Dritter Teil.

Der Honig als Hausmittel in der Heilkunde.

Der Honig ist ein edler Saft,
Er giebt Gesundheit, Lebenskraft.
Als Nektar aus der Blüte
Ist gleich ihm nichts an Güte.
    Wie Gold so fein
    Ist Honig rein.

Weißt du ein Kindlein, schwach und krank,
Bereit ihm süßen Honigtrank,
So wird das arme Wesen
Gar bald, ja bald genesen.
    Dem Kinde klein
    Gieb Honig ein.

Hast du im Hals viel Schmerz und Plag
Und jammerst drob den ganzen Tag,
So kenn' ich nichts auf Erden
Für ähnliche Beschwerden,
    Als Honigseim,
    Den trink daheim.

Vergeht dir alle Freud und Lust
Vor Schmerz ob deiner kranken Brust;
Hast Husten du und Brechen,
Und auf der Seite Stechen,
    Nimm Honig du
    Und schweig dazu.

Fehlts irgendwo in einem Darm,
Hast Schmerzen du, daß Gott erbarm
Und auch viel Müh' und Plagen
Mit deinem schlechten Magen,
    Nimm Honig du
    Und wärm dazu.

Und machst du heut ein bös Gesicht,
Warum? im Fuß da steckt die Gicht,
So gehe hin, nein hinke,
Und Honigwasser trinke;
    Gewiß, es thut
    Dir wirklich gut.

Und kannst nicht schlafen du bei Nacht,
Geh hin zum Honigtopfe sacht,
Versüße Mund und Magen,
Dann darf getrost ich sagen:
    Du schläfst jetzt gut
    In Gottes Hut.

Greif zu, du alter schwacher Mann,
Der Honig ist's, der helfen kann.
Viel besser noch als Weine
Hilft Honig auf die Beine.
    Der Honigsaft
    Giebt neue Kraft.

Elftes Kapitel.

Der Honig ein Segen der Menschheit.

*Honigseim sind wohlgeordnete Worte,
süß der Seele, Heilung den Gebeinen.*
(Sprichw. 16, 24.)

Es ist nicht zu leugnen, daß der Honig ein die Gesundheit überaus förderndes Mittel ist. Viele wissenschaftlich gebildete Ärzte lassen sich es angelegen sein, ihren Kranken den Honig zu empfehlen; sie wissen denselben nach seinem wahren Werte zu schätzen. So war es z. B. Dr. Kruckenberg in Braunschweig, ein gesuchter Arzt und berühmter Professor, der seinen Patienten vielfach reinen Blumenhonig verordnete und empfahl. Ein anderer medizinischer Fachmann beweist in der Hessischen „Biene" (redigiert von Pfarrer Deichert), daß es thöricht sei zu glauben, der reine Honig, dieses edle Produkt, könne in allen Fällen durch verschiedene Zuckerarten ersetzt werden. Honig störe die Pilzbildung und sei deshalb von jeher gegen sogenannte Schwämmchen der zarten Säuglinge von sicherem Erfolge gewesen. Mit Mehl zu einer Salbe verarbeitet gebe er das beste Pflaster für Schwären. Innerlich gebraucht sei der Honig nicht hoch genug zu schätzen; durch seinen Genuß würden angehender Husten, Schnupfen und Katarrh, beginnende Bräune, Diphteritis im Keime erstickt und Bakterien wie Pilzbildungen vernichtet. Gegen Krankheiten der Mundhöhle, des

Schlundes und der Atmungsorgane erweise sich reiner Blumenhonig (besonders der sogenannte Schleuderhonig) bei anhaltendem Gebrauche und entsprechender Diät unfehlbar wirksam. Es sei anzunehmen, daß die auch im Honig enthaltene Ameisensäure dies bewirke. Alle 5, 10, 15, 20 und 30 Minuten einen Theelöffel voll Honig genommen, wirke bei einem K a t a r r h geradezu überraschend und viele S c h w i n d s u c h t e n der L u n g e würden an ihrer Ausbildung verhindert, wie auch Magenleiden geheilt. Jede Familie sollte daher notwendig ein Glas mit reinem Bienenhonig im Hause haben, um sofort nach einer Erkältung und Affection davon gebrauchen zu können; manches kostbare Menschenleben würde dadurch erhalten bleiben. Der Honig müßte dem Publikum stets als Hausmittel empfohlen werden und wieder m e h r in Anwendung kommen, dann würde er in der That sein: Ein S e g e n d e r M e n s c h h e i t. (Vergl. Deutsche illustr. Bienenzt. 1884 8. Heft.)

Das Medicinal-Kollegium von Großbritannien verordnet den Gebrauch von Honig als Medizin in mehreren bestimmt angegebenen Fällen. Leider giebt es heutzutage Apotheken, welche alle möglichen Mittel aus dem Tier-, Pflanzen- und Mineralreich gegen die verschiedensten Krankheiten besitzen, aber echten reinen Bienenhonig, dieses uralte Heilmittel, haben sie nicht, statt dessen aber seewärts zugeführte Süßstoffe, welche vielfach in amerikanischen Fabriken hergestellt wurden. Sollen damit die Arzneien versüßt werden, von welchen der Kranke die Rettung seines Lebens erwartet?

Bei a n s t e c k e n d e n K r a n k h e i t e n soll man fleißig Honigwasser trinken und sich mit demselben waschen, um sich gegen die Folgen der Krankheiten anderer zu schützen.

Honigwasser

ist überhaupt ein vorzügliches Getränke für die Kranken selbst, auch Honigwasser mit gutem Essig vermischt, welches ähnlich schmeckt wie Limonade.

Zwölftes Kapitel.
Der Honig als Hausmittel gegen Halsleiden.

Wer mit Halsleiden behaftet ist, der versäume nie, Honig als Gegenmittel zu gebrauchen. Er siede z. B. einige Löffel voll Honig in 1/2 Liter Wasser und nehme stündlich einen Schluck, oder 2—4 Löffel voll davon.

Bei Halsentzündung macht man sich ein gutes Gurgelwasser. Zu einem Glas voll Brombeerthee nimmt man 1 oder 2 Eßlöffel voll Honig und einen Kaffeelöffel voll Weinessig, mischt es gut und gurgelt damit häufig.

Äußerlich ein Honigpflaster um den Hals gelegt, zieht die Hitze heraus.

Auch Honig mit Butter vermischt, genießt man bei solchen Leiden mit Brot als Linderungsmittel.

Für Erwachsene empfiehlt es sich, bei Hals- und Brustleiden, bei Heiserkeit und Atembeschwerden ein Glas voll gekochten und mit Honig gemischten Weines vor dem Schlafengehen zu nehmen. Das macht

Wärme und bringt wohlthätigen Schweiß, lindert die Leiden und regt die Schleimhäute zur regelrechten Thätigkeit an.

Gegen brandige Halsbräune (Diphtheritis) wurden Einreibungen mit reinem Honig am Halse, sowie Umschläge mit Honig auf Zuckerpapier wiederholt von verschiedenen Blättern empfohlen.

Honig mit dem Safte der grünen Wallnußschale wird vielfach auf dem Lande gegen Halsentzündung angewendet.

Beim Beginne der

Halsbräune, Diphtheritis,

nehme man 1 Kaffeelöffel voll Honig, mische eine Messerspitze voll feinkörniges Schießpulver dazu und gebe, bis der Arzt herbeigerufen ist, dem Patienten davon.

(Dieses Mittel wird besonders auch bei Halskrankheiten der Tiere sehr häufig angewendet).

Bei

Halsentzündung und Halsbräune

empfiehlt es sich, bis zum Erscheinen des Arztes Honig in warmem Wasser aufzulösen, etwas guten Essig daran zu schütten und damit zu gurgeln.

(Den Tieren wird der Hals damit ausgespült).

Aus dem Saroser Komitat in Ungarn wird berichtet: „In hiesiger Gegend, wo seit einiger Zeit die

Diphtheritis, Halsbräune,

stark grassiert und schon viele Kinder derselben zum Opfer fielen, werden in Bauernfamilien, wo die Mittel zur Bezahlung des Arztes und der Apotheke fehlen, bei den ersten Anzeichen der Erkrankung und sogar als Präservativmittel Einreibung mit reinem Bienenhonig am Halse und auf starkes Löschpapier dick aufgestrichener Honig als Umschläge am Halse, mit so gutem Erfolge angewendet, daß infolge dessen seither fast keine Kinder mehr an dieser bösen Krankheit sterben.

Hals= und Kehlkopfleiden.

Ferner wird als Hausmittel gegen Halsleiden, besonders wenn infolge von Erkältung Heiserkeit damit verbunden ist, Lindenblütenthee mit Honig von bester Wirkung sein. Derselbe bringt den Kranken in Schweiß, welcher seinen wohlthätigen Einfluß nicht verfehlen wird.

Wer vom Sprechen öfters an

Heiserkeit

zu leiden hat, der versäume nicht, häufig Honigwasser zu trinken, da sich sonst leicht langjährige Heiserkeit oder gar Stimmlosigkeit, oder aber Schwindsuchthusten und Blutbrechen einstellen könnte. Gegen Heiserkeit wird ferner Senfmehl mit Honig, woraus Kügelchen gemacht und diese genossen werden, empfohlen. (Osiander.)

Um eine

helle Stimme

zu bekommen, nehme man ebenfalls solche Kügelchen aus Senfmehl und Honig.

Gegen

Halsweh und Heiserkeit

empfiehlt die „Fdgr." folgende Mittel:

Ist Erkältung die Veranlassung von

Halsweh, Katarrh, Schnupfen oder Husten,

so ist das allerbeste ein Salbeithee, dem man Honig bis zum Süßwerden und nachher etwas Essig zusetzt. Beim Schnupfen nimmt man täglich 6—12 mal einen Eßlöffel voll, beim Husten ebensoviel und bei Erkältung des Halses gurgelt man täglich 20—30 mal damit. —

Gegen

Halsweh und schmerzhaftes Schlucken

besteht ein sehr gutes Mittel darin, daß man Honig heiß macht und mittelst eines Löffels auf ein Stück Flanell oder einen wollenen Strumpf gießt und diesen so warm, als man es leiden kann, um den Hals bindet.

Halsgeschwüre

werden durch das wiederholte langsame Verschlucken von Quittenkernschleim mit Honig am besten geheilt, neben fleißigen warmen Umschlägen.

Dreizehntes Kapitel.

Der Honig als Hausmittel gegen Brustleiden.

Die heilende Kraft des Honigs bei **Verschleimungen**, **Katarrh**, **Brust-** und **Halsleiden** zur Erweichung und Lösung des Schleimes ist schon längst bekannt.

Zu diesem Zwecke schlürft man morgens nüchtern und abends vor dem Schlafengehen und auch sonst bei Hustenanfällen einen Kaffeelöffel voll warmen Honig langsam hinunter; es wird jederzeit Erleichterung, häufig aber auch Heilung verschaffen.

Bei **Katarrhal-** und **Schwindsuchthusten** kannten (nach Osiander) die Alten nichts besseres, als Gerstentisane mit Honig.

Als Mittel gegen **Stickhusten** wird ein Absud von Weizenkleie mit Milch und Honig vermischt, häufig lauwarm eingenommen, empfohlen.

Dr. Landerer in Athen berichtet im „Technolog", daß man in Griechenland gegen

Keuchhusten

Johannisbrot (eine Frucht, die man in Spezereiläden billig erhält) in größeren Quantitäten mit Wasser absiedet, so daß sich eine syrupähnliche Flüssigkeit bildet, worauf man reinen Honig zusetzt. Dieses einfache Mittel wird dann den Kindern tagsüber theelöffelweise gereicht. Eine vieljährige Erfahrung wird zu Gunsten dieses Volksmittels angeführt.

Gegen

Husten, Heiserkeit, Hals- und Brustschmerzen

hauptsächlich auch für

Lungenleidende und Schwindsüchtige

ist Fenchelhonigextrakt, der aus verdünntem Honig mit einem Absud von Fenchel besteht, ein vorzügliches Mittel.

Die besten Bonbons gegen

Husten und Heiserkeit

werden aus Honig, Zucker und Wasser hergestellt.

Der „Hospodar" empfiehlt als gutes

Mittel gegen Husten

geschabte Grünwurzel mit Honig vermengt, wovon täglich einige Löffel voll zu nehmen sind. Andere nehmen statt Grünwurzel auch schwarzen Rettich. Von jedem die Hälfte. Bei

Husten

soll der Honig nie allein genommen werden, weil derselbe reizen würde, aber in Wasser, Thee oder Milch gekocht, geriebenem Rettich oder Meerrettich beigemengt, und mit demselben eingenommen, wirkt auflösend, den Husten mildernd oder ganz beseitigend. (Reitter.)

Ein in hiesiger Gegend allgemeines Hausmittel gegen

Halsweh und Husten,

besonders gegen Erkältungshusten ist geglühter Honig. In einem Blechlöffel wird der Honig über einem Licht, oder über dem Zylinder einer Erdöllampe heiß gemacht und dann so heiß man ihn leiden kann eingenommen.

Mittel gegen hartnäckigen Husten.

Geriebener Meerrettich (Kreen) wird mit gleichen Teilen Honig vermischt und davon mehrmals im Tage ein Kaffeelöffel voll genommen. Das Mittel ist auch bei katarrhalischem Halsweh, Heiserkeit u. s. w. von guter Wirkung. („Fundgrube.")

Ein afrikanisches Mittel zur Bekämpfung

des katarrhalischen Hustens.

Man kocht 500 gr. abgehäutete, mehrfach eingeschnittene ganze Zwiebeln in 1 lit. Wasser mit 80 gr. Honig und 400 gr. Meliszucker langsam 3—4 Stund durch, läßt die Mischung abkühlen, gießt sie durch ein feines Sieb und füllt sie in eine Flasche, die verkorkt zu halten ist. Von diesem Saft hat der Patient täglich 4—6 Eßlöffel voll lauwarm einzunehmen.

(Aus „Notburga" v. Auer.)

Als ein ausgezeichnetes

Mittel gegen Keuchhusten

empfiehlt die Fundgrube:

In $^1/_4$ lt heißen Wassers löst man 2 g gereinigten Weinstein auf, setzt 1 g feinpulverisierte Kochenille zu und versüßt das ganze hinlänglich mit Honig oder Zucker.

Hievon giebt man einem Kinde je nach seiner Größe alle 2 Stunden 2—3 Theelöffel voll, kleineren die Hälfte oder $1/3$ dieser Gabe.

Für alten

Keuchhusten

ist Thee von Veilchenblättern, grün oder getrocknet, mit Honig besonders hilfreich, dreimal des Tages werde eine Tasse getrunken. (Blätter f. Bzcht.)

Bei hartnäckigem, mit

Blutspeien verbundenen Husten

wird in Rußland Knoblauch und Traubenkirsche (Prunus padus) feingestoßen und mit Honig vermischt eingenommen.

(Osiander.)

Um nächtlichen

Anfällen von Brustbeklemmung

vorzubeugen, vermische man zerriebenen Meerrettich mit Honig und nehme abends beim Schlafengehen einen Eßlöffel voll davon.

Ein ganz besonders vorzügliches Heilmittel für

Lungen- und Brustkranke

ist schon seit uralten Zeiten Honig mit Spitzwegerichsaft. Es wird morgens, mittags und abends ein Kaffeelöffel voll eingenommen. (Schon wiederholt hörte ich diesem einfachen Mittel großes Lob spenden. Natürlich müssen Honig und Saft echt und rein sein.)

Wer eine

starkverschleimte Lunge

hat, der siede in ¼ lt Wasser und ¼ lt Wein Wurzeln vom Haselwurz mit einigen Löffeln voll Honig, und trinke dies jeden Tag.

Die Lunge wird sich reinigen und den Schleimhusten heben.

Auch gesottene Milch mit Honig hilft in diesem Leiden.

Wer an

Blutspeien

leidet, der siede Spitzwegerichsaft mit Honig und Essig, und nehme jede Viertelstunde 1—2 Löffel voll davon.

Schwindsüchtige

werden zur Linderung des Hustens und zur Schleim=
auflösung kaum ein besseres Mittel finden als Thee von
Veilchenblättern und Honig, wovon alle 2—3 Stunden
3—5 Löffel voll einzunehmen sind. (Blätter f. Bzcht.)

Wer sich gegen

Brustfellentzündung

schützen will, der versüße seinen Kaffee nur mit Honig.
Dieses Mittel wird besonders auch empfohlen gegen
S c h m e r z e n i n d e n H ü f t e n u n d L e n d e n.

Als ein sehr beliebtes und wirksames Mittel gegen

Lungenschwindsucht

wird Fenchelthee mit Honig empfohlen. Dieses einfache,
billige und wohlschmeckende Getränke dürfte viel häufiger
angewendet werden, als dies wirklich der Fall ist.

In Rußland wird gegen die

Schwindsucht

ein Getränk aus Stutenmilch, Mehl, Honig und Hefe
bereitet, welches in Gärung gesetzt und hernach getrunken
wird. (Osiander.)

Wer

Abzehrung oder Schwindsucht

befürchtet, der trinke fleißig Thee von Spitzwegerich
mit Honig.

(NB. M. Reitter, Bienenzüchter in Thalkirchen,
Pst. Mittersendling, Bayern, hat mehrere Niederlagen
von solchem Spitzwegerichsaft mit echtem Honig.)

Vierzehntes Kapitel.
Der Honig ein Hausmittel bei Magen- und Unterleibsleiden.

Wer mit **Magenleiden** behaftet ist, koche ½ Löffel voll Koriander und 2 Löffel voll echten Honig in 1 Liter Wasser, hievon wird bei entsprechender Diät jede Stunde 1 Löffel voll genommen.

Ein Löffel voll Fenchel mit 1 Löffel voll Honig in ½ Liter Wasser 20 Minuten gekocht und alle 2 Stunden davon genommen, vertreibt die **schlechte Magenluft.**

(Reitter).

Bei **Verdauungsschwäche** leistet Honig-Liqueur gute Dienste, er regt den Magen an und stärkt ihn zugleich.

Gegen **Nierenkrankheiten** und gegen Anlage zum Stein empfiehlt besonders Pringle den häufigen Genuß des Honigs, sowie der Speisen und Getränke mit Honig.

Ein gelindes **Abführungsmittel** ist (nach Hippokrates) mit Honig gekochte Ziegenmilch.

Wer an

Verstopfung

leidet, sollte anstatt Butter Honig essen. Der körnige Honig ist in diesem Falle besonders zu empfehlen.

Auch Pflaumenbrühe mit Honig gekocht ist eine wirksame **Purganz** für Kinder und Erwachsene.

(Osiander Volksarz.)

Als

Klystier

ist Kuhmilch, in welcher Honig gekocht wurde, zu empfehlen.

Zur innerlichen Reinigung

der Neugeborenen vermischt man 5 Teile Honig mit 4 Teilen Wasser und giebt ihnen davon einige Theelöffel voll.

Um den

Stuhlgang der Säuglinge zu fördern,

wird Haferschleim mit Honig empfohlen.

Leibschmerzen,

seien sie so heftig, als sie wollen, werden gehoben, wenn Wermut in Wasser und Honig gesotten, recht warm getrunken wird; Wermut nehme man, was man mit 3 Fingern halten kann. Es können auch zwei Löffel voll Wein dazu genommen werden.

(Bl. f. Bzcht.)

Im Alter vermag die Natur untaugliche Stoffe nicht mehr recht auszuscheiden; Honig mit Milch oder im Thee genossen,

besorgt die regelmäßige Ausscheidung.

Auch ist der Honig als ein vorzügliches

Mittel gegen Würmer

zu empfehlen. Morgens 1—3 Eßlöffel voll Rohhonig eingenommen und Wasser darauf getrunken, vertreibt dieselben. Auch Spitzwegerichsaft mit Honig 5—6 Löffel voll morgens nüchtern eingenommen und dann 3—4 Stunden gefastet, treibt sie ab.

Gegen

Blasenleiden

empfiehlt Osiander Hagebuttenkerne mit Honig.

Fünfzehntes Kapitel.

Der Honig ein Hausmittel bei verschiedenen Leiden.

Als ein gutes **Erwärmungsmittel** mache einen Aufguß auf Zwiebel, Knoblauch, Pfefferkraut, Ingwer, Honig 2c. und trinke ihn. Derselbe ist jedenfalls besser und gesunder als Branntwein, und würde sich unter anderem auch für Volksküchen eignen, besonders im Winter.

Zur **Verbesserung des Blutes**
ist der Honig ein gutes Mittel. Leute, welche schlechtes Blut haben, woraus gar viele Leiden entspringen, sollten täglich einige Löffel voll Honig genießen; sie werden bei richtiger Diät und fortgesetzter Anwendung die wirklich gute Wirkung des Honigs bald erfahren. Für Alt und Jung gleich zu empfehlen.

Gegen das **Schwämmchen der Kinder**
giebt man Salbeithee mit Honig.

Gegen **Skorbut** (Scharbock),
eine Krankheit, welche sich nach Dr. Bock durch große Hinfälligkeit, trübe Gemütsstimmung, leicht blutendes, mißfarbiges Zahnfleisch, Ausfallen der Zähne und starke Blutungen äußert, trinken nach Osiander die Seeleute einen Aufguß von heißem Wasser auf spanischen Pfeffer mit Honig vermischt.

Dieses einfache, den Organismus belebende Mittel, dürfte mancher nachlassenden Natur wieder etwas unter die Arme greifen.

Der Honig ist auch als **Beruhigungsmittel**
zu empfehlen. Und zwar sowohl bei schreienden Kindern, die häufig wegen Blähungsbeschwerden, Würmern ꝛc. ihr Stimmorgan in Thätigkeit setzen, als auch gegen Aufgeregtheit der Nerven, und der daraus entspringenden Leiden, z. B. Schlaflosigkeit, Kopfschmerzen,

Eingenommenheit des Kopfes, unruhige Träume. Manche Ärzte empfehlen als Gegenmittel Honig oder Trauben, nach deren Genusse der Geist von Beschwerden befreit wird. Ältere Leute können oft vor Mitternacht nicht einschlafen, oder wenn sie nachts aufwachen, so will der für die Gesundheit so notwendige Schlaf nicht wiederkehren, diese Schlaflosigkeit macht sie dann mürrisch und aufgeregt.

Als vorzügliches, sehr gesundes

Schlafmittel

ist jedem ohne Ausnahme, auch wenn die Sorgen die Ursache der Schlaflosigkeit sind, der Honig zu empfehlen. Man nehme abends einige Löffel voll mit etwas Brot und die gewünschte Ruhe wird wiederkehren. Der Honig betäubt nicht, sondern er beruhigt die Nerven.

Für Gelehrte und Studierende ist, namentlich wenn sie nachts viel arbeiten müssen, der Honig ein herrliches Mittel, indem er den Geist vor Aufregung und Überreizung bewahrt und einen wohlthuenden Einfluß auf die Nerven ausübt. Er ist in der That eine wundervolle Himmelsgabe.

Wer viel

Kopfweh mit Hitze im Kopfe

hat, der trinke Thee von Veilchenblättern mit Honig, tauche einen Lappen in solchen Thee ein, binde ihn auf die Stirne, oder mache den Kopf oberhalb mit Thee naß. Ruhe und Schlaf wird dann bald eintreten.

(Bl. f. Bzcht.)

Bei

Vergiftungen

werden 2—4 Löffel voll Honig einzunehmen empfohlen. Derselbe ist von sehr guter Wirkung, wenn er alsbald nach der Vergiftung genommen oder eingegeben wird, da Honig kein Gift im Magen duldet (Osiander). Auch warme Milch mit Honig ist hier am Platze, bis ein Arzt zur Stelle ist.

Gegen

Katzenjammer

ist Honig ein vorzügliches Mittel; abends genommen wird der Übelkeit vorgebeugt. Auch Met oder statt dessen Honigwasser leisten gute Dienste.

Ein anderes Mittel gegen

Katzenjammer oder sonstiges Übelbefinden

besteht in ¼ lt Bier, ¼ lt schwarzem, heißem Kaffee, einem Ei und einigen Löffeln voll Honig, alles gut durcheinandergerührt und getrunken macht einen guten Magen, stärkt die Glieder und hilft manchem wieder auf die Beine.

Für

Gichtleidende

ist bekanntlich Bier ein schädliches Mittel, dagegen ist ein Getränke aus Wasser und Honig bereitet empfehlenswert.

Noch besser aber ist für Diejenigen, welche an

Gicht leiden,

wenn sie jeden Morgen acht bis zwölf Löffel voll Spitzwegerichsaft mit 1—2 Löffel voll Honig 5—6 Minuten lang sieden, und dies nüchtern trinken.

Ein anderes Mittel gegen

Gicht, Podagra

besteht darin, daß Veilchen in Honigwasser gesotten und wie Thee getrunken werden.

Will sich bei einem Menschen

Wassersucht

ansetzen, so ist ein vorzügliches Mittel, aus Haselwurz und Honig täglich eine Tasse Thee zu sieden und zu trinken.

Dieses Mittel hilft auch gegen Blähungsbeschwerden, Kopfweh u. s. w.

Wer viel

Atemnot

hat, trinke täglich 3mal eine kleine Tasse Veilchenblätterthee mit Honig. Der Schleim wird sich lösen und dabei leichterer Atem sich einstellen. (Bl. f. Bzcht.)

Für

Kranke und Rekonvalescenten

ist Götterwein ein köstliches Getränke. Er wird hergestellt aus geschälten Äpfeln (Reinetten), Citronenscheiben, Zucker und weißem Wein mit Honig destilliert.

Nach Berichten französischer Ärzte hat sich eine Mischung aus 1 lt Gerstenschleim, 100 g gewöhnlichem Essig und 120 g Honig bei

Typhuskranken

als ein ausgezeichnetes Heilmittel bewährt. Mit dieser Mischung gurgle sich der Kranke anfangs immer zweimal hintereinander, wasche sich damit den Mund tüchtig aus, tauche hierauf einen kleinen Schwamm hinein und ziehe von der Feuchtigkeit soviel als möglich durch die Nase ein.

Wird die Methode im Anfange der Krankheit angewendet, bei den ersten Anzeichen derselben, dann nimmt sie gewöhnlich keinen schlimmen Verlauf und die Patienten können selbst die obigen Vorschriften ausführen. Dieses einfache und erprobte Heilverfahren ist allgemein zu empfehlen. („Allg. Zt. f. d. L. u. F.")

Ein sehr einfaches

Hausmittel gegen das Nervenfieber

empfiehlt Dr. A. Netter aus Straßburg, ehemaliger Stabsarzt der französischen Armee. Man nehme 1 lit. Gerstenschleim, 120 gr. Honig und 100 gr. gewöhnlichen Essig. Mit diesem Absud gurgle sich der Kranke anfangs zweimal hinter einander, wasche sich den Mund tüchtig aus, tauche hierauf einen kleinen Schwamm hinein und sauge von der Feuchtigkeit so viel wie möglich durch die Nase ein. Die Waschungen wiederholt man bei Tage wenigstens alle Halbstunden und des Nachts, so oft der Kranke erwacht. Sollte später eine Entkräftung eintreten, so wasche man mit obiger Flüssigkeit den Kranken recht oft das Zahnfleisch und die Zunge und halte ihnen den mit obiger Flüssigkeit getränkten Schwamm unter die Nase.

Dieses einfache Mittel habe sich bei einer großen Epidemie, nachdem andere Mittel ohne Erfolg angewendet wurden, ebenso glänzend als rasch bewährt.

(Nach Auer's „Notburga".)

Ein sehr wenig gekanntes und dennoch sehr wichtiges **Hausmittel** ist Honig und Essig. Je nach=

dem es verwendet wird, soll mehr oder weniger Wasser dazu genommen werden.

Es ist in erster Linie ein vorzügliches **erfrischendes Getränke** für Gesunde und Kranke.

Sodann dient es zu **Waschungen des Rückgrats**, um verschiedene **Schwächezustände** des Körpers zu beseitigen und überhaupt äußerst **belebend und wohlthuend** auf denselben einzuwirken. Essigwasser mit Honig ist ein ausgezeichnetes Mittel, um alle **faulenden Organismen** aus Mund und Nasenhöhle zu entfernen. Man spüle zu diesem Zwecke die genannten Organe täglich mehreremale damit aus.

Sechszehntes Kapitel.

Äußerliche Anwendung des Honigs.

Wie schon bei den Krankheiten des Halses angegeben, wird der Honig äußerlich als **Umschlag** bei **Entzündungen** mit Erfolg angewendet. Der Honig duldet keine **Fäulnisbildung**.

Trübe Augen

werden fleißig mit Honigwasser gereinigt.

Ist eine

Augenentzündung

eingetreten, so sollen die kranken Augen mit warmem Wasser, in welchem Honig aufgelöst wurde, öfters bestrichen werden; man vermeide aber jedes Reiben in denselben.

Man kann auch einige Tropfen reinen, flüssigen

Honig öfters des Tages auf die Augen träufeln lassen. Honig reinigt und stärkt.

Auch eine **Salbe** aus Honig und Eiweiß kann auf das **entzündete Auge** aufgelegt werden.

Auf die

Geschwüre der Hornhaut der Augen

soll Honig aufgelegt werden, worin Ameisen gekocht wurden. (Osiander „Volksarzneimittel".)

Gegen

aufgesprungene, schrundige Lippen,

Hände ꝛc. wird Honig mit gereinigtem Glyzerin vermischt in neuerer Zeit vielfach gebraucht.

Eine gute **Frostsalbe** und zugleich ein Mittel gegen schrundige Hände ꝛc. ist Honig mit etwas frischer Butter vermengt.

Gegen

Bienenstich

äußerlich Honig aufgelegt, ohne jedoch die entzündete Stelle zu reiben, hat sich längst als sehr wirksam gezeigt.

Diejenigen Stellen der Haut, an welchen sich sog.

Mitesser

zeigen, soll man mit Honig bestreichen, und nachher mit Seife abwaschen.

Gegen

Sommersprossen

wird Kressensaft mit Honig vermischt angewendet.

Honigwasser dient in Verbindung mit Seife als
Schönheitsmittel.
Es erhält die Haut frisch und gesund und ersetzt die in neuerer Zeit üblichen Honigseifen.

Das bestziehende und heilende
Schwärenmittel
ist eine konsistente Mischung von Honig und Mehl in Salbenform.

Auch Honig, Eidotter und dicker Terpentin unter einander gemischt giebt die beste
Salbe für alte Schäden,
schwer heilende Geschwüre zur Verbesserung des Eiters, wodurch Granulation und dadurch Heilung erfolgt.

Bei
alten und neuen Wunden
reinen Honig aufgelegt, ist von sehr guter Wirkung. Honigwasser mit einigen Tropfen Arnikatinktur vermischt, ist zum Auswaschen der Wunden zu empfehlen.

Honigpflaster gegen Bremsenstiche.
Nicht selten hat der Stich einer Bremse bei Menschen und Tieren (Pferden) eine mehr oder weniger große Geschwulst zur Folge; ein dick aufgetragenes Honigpflaster wird Heilung erwirken.

Beherzigen wir zum Schlusse die Worte des Redakteurs der „Bienenpflege" in Nr. 6 p. 1884: Er sagt: „Der Honig wird in seiner heilenden und wohlthätigen Wirkung **viel zu wenig geschätzt und gebraucht.**"

Nachtrag und Schluß.

a. Diejenigen, welche in vorstehendem Honigbüchlein dieses oder jenes vermissen, mache ich auf den III. Teil meines Bienenbüchleins: „**Unterricht in der Bienenzucht in Fragen und Antworten**", Preis geb. 1 *M.* aufmerksam, welches ich im Auftrage der Verlagsbuchhandlung von Bardtenschlager in Reutlingen verfaßte und wofür mir der besondere Dank vieler Imker im In- und Auslande zuteil wurde. 20 Druckseiten in demselben handeln vom Honig.

b. Mancher wird fragen: Sollen die Mittel alle probat sein, welche hier angegeben sind? Darauf habe ich zu erwidern: Nicht Arzneimittel wollte ich vorschreiben, sondern nur die Hausmittel zusammenstellen, zu welchen der Honig seit alten Zeiten verwendet wurde. Dies geschieht mit um so größerem Rechte, als die letzte deutsche Pharmakopie, das Apothekerbuch für Arzneimittelhandlung, den Honig meistens gestrichen hat. Wohl deshalb verwenden manche Apotheker statt dem echten, reinen, inländischen Honig heutzutage andere Süßstoffe.

c. Nicht selten hört man Leute sich äußern, daß sie zwar von den vorzüglich guten Eigenschaften des Honigs überzeugt seien, allein sie können den eigentümlichen Geschmack desselben nicht ertragen.

Diese sollen das Gefäß mit dem Honig in einen Kessel mit Wasser stellen, dieses allmählich erhitzen, daß der Honig zu sieden beginnt, denselben dann sorgfältig abschöpfen und wieder erkalten lassen.

Auf diese Weise bleibt der Honig dann sehr lange Zeit flüssig, auch sein Aussehen bekommt einen hellen Glanz, was viele Käufer, besonders Gasthofbesitzer, lieben.

Um ihm aber seinen rezenten Geschmack noch mehr zu nehmen, soll man in die heiße Masse öfters ein glühendes Eisen stoßen, oder einen glühenden Nagel, oder Glutkohlen darein werfen; auch ein Stückchen Bolus, Lemnische Erde, welche in der Apotheke zu haben ist, kann auf gleiche Weise mit dem besten Erfolge verwendet werden.

d. Niemand, der dieses Büchlein durchgelesen hat, wird noch sagen, daß infolge der rationellen Bienenzucht jetzt „zu viel Honig" gewonnen werde.

Niemals wird zuviel Honig produziert. Honigmärkte, welche eröffnet, Niederlagen, welche errichtet werden sollen, werden viel Honig konsumieren. Aber keiner, der Honig zu verkaufen hat, versäume, das Publikum auf den großen Wert und die mannigfaltige Verwendung dieses edelsten aller Naturprodukte aufmerksam zu machen.

Ganz besonders aber möchte ich den Honigbesitzern die Herstellung des Honigweines angelegentlichst empfehlen.

Den nenne ich einen echten Imker, der seinen Gästen guten alten Met vorsetzen kann, wozu dann auch ein Stück Honigkuchen vorzüglich schmecken wird.

Bei Imkerfesten sollten Honigspeisen und Honiggetränke nie fehlen.

Die Frage: Wohin mit dem Honig? wird dann am besten und nachhaltigsten gelöst, wenn die Bienenzüchter in der Honigverwendung selbst mit gutem Beispiele vorangehen. Von allen Seiten wird dann das Losungswort lauten: Mehr Honig! Noch mehr Honig!

e. Zu guter Letzt soll noch ein Vorschlag folgen, der das Gesagte praktisch anzuwenden lehrt und zwar in Form von einem

Küchenzettel bei einem Imkerfeste:

Morgens: Honigwasser zum Reinigen des Mundes. Kaffee mit Honig versüßt, ferner Butterbrot mit Honig.

Vormittags: 1 Glas leichten Honigwein mit Honigleckerlein, oder Honigliqueure mit Honiglebkuchen, oder Früchte in Honig eingemacht.

Mittagessen: Metsuppe mit Honigtörtlein; Ochsenfleisch mit in Honig eingemachten Beeren, Braten und Salat, letzterer mit Honigessig angemacht. Honigkuchen nebst 1 Glas alten Honigwein und Kaffee mit Honig.

Vesperbrot: Roggenbrot mit Butter und Honig nebst einer Flasche guten Metes.

Abends: Fenchelthee mit Honig, oder Honiglimonade, nebst einigen Krüglein Met; sodann noch ein Gläschen Honigpunsch oder Honig-Champagner.

Alphabetisches Inhaltsverzeichnis.

Abführungsmittel 56.
Abzehrung 55.
Ägypter 5.
Alpenhonig 8.
Altersschwäche 44.
Ameisensäure 13. 39. 46.
Ansteckende Krankheiten 46.
Apfelmost 22.
Apotheken 17. 46.
Aristoteles 5.
Aroma 12. 23. 39.
Arzneien 17.
Ärzte 45.
Atembeschwerden 47. 62.
Atmungsorgane 46.
Aufregung 60.
Aufschwung d. Bienenzucht 9.
Augenleiden 64. 65.
Auslassen des Honigs 10.
Ausscheidung im Alter 58.
Äußerliche Anwendung des Honigs 64. 65.

Bäckereien 24.
Bedürfnis nach Honig 22.
Berlepsch v. 9.
Bernhard der hl. 6.
Beruhigungsmittel 59.
Besteuerung 16.

Bibel 6. 19. 21.
Bienen 7.
Bienen=Büchlein v. Scheel 67.
Bienen=Futter 23.
Bienen=Honig 15.
Bienen=Stände 10.
Bienen=Stich 65.
Bienen=Züchtervereine 10.
Blähungsbeschwerden 59. 61.
Blasenleiden 58.
Blütenhonig 11. 12. 45. 46.
Blütensaft 3.
Blütenstaub 9. 11.
Blutreinigung 22.
Blutspeien 53. 54.
Blutverbesserung 59.
Bonbons 51.
Bräune 45. 48.
Bremsenstiche 66.
Brustbeklemmung 53.
Brustfellentzündung 55.
Brustkranke 54.
Brustleiden 44. 47. 50.
Brut 9. 11.

Capillärsaft 14.
Citronenkuchen 28.
Cubahonig 17.

Dathe 9.
Delikatesse 12.
Demonax 5.
Deutsche, die alten 6. 7. 31.
Diphteritis 45. 48.
Dünnflüssigkeit 13.
Durchsichtigkeit 8. 13.
Dzierzon 9.

Echter Tafelhonig 16.
Echtheit des Honigs 14.
Eierlebkuchen 28.
Eigenschaften des Honigs 4. 14.
Einmachen der Früchte 39.
Einreibungen 48.
Erfindungen 8.
Erwärmungsmittel 58.
Essig mit Honig 47. 63.

Fabrikanten 17.
Fabrikat 8.
Fälschungen 14.
Familienfeste 6.
Farbe 8. 15. 16.
Faulende Organismen 64.
Feinschmecker 12.
Fenchelhonigextrakt 51.
Fenchelthee mit Honig 54.
Festlichkeiten 6.
Flüssigkeit des Honigs 14. 68.
Fortschritte 10.
Frostsalbe 65.
Früchte-Einmachen 39—42.
Fruchtkuchen 28.
Futter für Fische 23.
Futter für Tiere 22.

Gasthöfe 8.
Gärung 32.
Gärungsprozeß 31.

Gebirgshonig 16.
Gelehrte 59.
Gemisch 11.
Genuß des Honigs 9.
Germanen 5.
Geschichtliches 4.
Geschmack d. Hgs. 9. 15. 16. 67.
Geschwüre 64.
Gesundheitsschädlich 8.
Gewinnung des Honigs 9.
Gichtleiden 44. 61. 62.
Glanz des Honigs 8. 68.
Glukose 16.
Götterwein 61.
Gottesgeschenk 3.
Gravenhorst 9. 17. 21.
Griechen 5. 7.
Gundelach 9.
Gurken 41.

Halsbräune 45. 48.
Halsentzündung 47. 48.
Halsgeschwüre 50.
Halsleiden 43. 47. 49. 50. 51. 52.
Haustrank 6.
Handschleuder 11.
Hauptbedürfnis 19.
Hausfrauen 11.
Hausmittel 43. 46. 67.
Havannahonig 11. 16. 17.
Heilmittel 15.
Heiserkeit 47. 49. 52.
Helle Stimme 49.
Hinfälligkeit 59.
Hitze im Kopfe 59.
Honig, ausgeschleuderter 11.
„ ausgesottener 14.
„ ausländischer 9. 11. 16.
„ =Bier 38.

Honig, billiger 9.
„   =Brot 30.
„   candierter 12.
„   =Champagner 37.
„   =Citronenkuchen 26.
„   echter 8.
„   echten zu unterscheiden 17.
„   =Eierlebkuchen 28.
„   =Einfuhr 4.
„   einheimischer 11.
„   =Essig 38.
„   und Essig 63.
„   fabrizierter 16.
„   feinschmeckender 11.
„   feinster 11.
„   flüssig zu machen 14.
„   frischer 12.
„   =Fruchtkuchen 27.
„   =Gebäck 17. 30.
„   gefälschter 14.
„   gedeckelter 12.
„   =Genuß 9. 22.
„   gereinigter 12.
„   =Gewinnung 10.
„   giftiger 9.
„   haltbarer 12.
„   =Händler 9.
„   =Handlung 14.
„   importierter 11.
„   inländischer 11.
„   kalt ausgelassener 11.
„   kandierter 13.
„   =Konsum 4.
„   =Kuchen 5. 17. 24.
„   künstlicher 11. 15.
„   krystallisierter 13. 14.
„   =Land 5.
„   =Läuterung 40.
„   =Lebkuchen 27.

Honig=Liqueur 30. 55.
„   =Magen 3.
„   =Pfefferkuchen 25.
„   =Pflaster 66.
„   =Punsch 36.
„   =Quantum 10.
„   =Saft 3.
„   =Schleuder 10.
„   =Schwammkuchen 26.
„   =Theekuchen 24.
„   =Wasser 47.
„   =Wein 7. 30. 37.
Huber 9.
Hüftschmerzen 55.
Husten 45. 50. 51. 52. 53.
Hruschka v. 10.

Imkeressen 7. 69.
Imkerfest 7. 69.
Johannes der Täufer 5.
Johannisbrot mit Honig 51.
Irrtum 8.

Kaffee mit Honig 22. 30.
Kälte 13. 14.
Kartoffelstärke 16.
Katarrh 45. 46. 50. 51. 53.
Katzenjammer 61.
Kehlkopfleiden 49.
Kernobst 40.
Keuchhusten 51. 53.
Klage 9.
Kleine 9.
Klystier 57.
Kopfweh 59. 60.
Kranke 62.
Krankheiten 45. 46.
Kruckenberg Dr. 45.
Krystallhonig 8. 11.

Krystallisieren des Honigs 8.
Krystallsyrup 16.

Landhonig 12.
Läuterung des Honigs 11.
Lebkuchen 27. 28.
Leckerbissen 17.
Leckerlein 29.
Leibschmerzen 57.
Lendenleiden 55.
Leukert 9.
Limonade 47.
Lindenblütenthee 49.
Lippen, aufgesprungene 65.
Liqueure 30.
Lungenleidende 51. 54.
Lungenschwindsucht 55.
Lungenverschleimung 54.

Magenleiden 44. 46. 56.
Magenluft, schlechte 56.
Medizin 46.
Mehl 8. 14.
Meister d. Bienenzucht 10.
Memminger Leckerlein 29.
Met 6. 7. 31.
Milch 5. 22. 23. 53.
Mißkredit 9.
Mitesser 65.
Mittel den Honig zu unter=
  scheiden 17.
Most 22. 30.
Mundhöhle 45. 64.

Nahrung 22.
Nahrungsmittel 19.
Nasenhöhle 62.
Nektar 3. 9.
Nerven, aufgeregte 59. 60.
Nervenfieber 63.

Nierenkrankheit 56.
Nuevitas 16.

Oberbilgler 30.
Ofenhitze 12.

Palästina 5.
Paradies 3.
Pergamentpapier 12.
Pfefferkuchen 25. 26.
Pflaster 45.
Pflege der Bienen 8.
Pilzbildung 45.
Podagra 62.
Polarisationsapparat 15.
Polarisiertes Licht 15.
Präparat 8.

Quendelkrautwasser 23.

Rekonvalescenten 62.
Reiner Honig 13. 14. 15.
Reinigung, innerliche 57.
Rettich mit Honig 52.
Römer 5. 7.
Rosenhonig 12.
Rosenöl 12.
Rübenzucker 8.
Rückgrat 64.

Säuglinge 12. 45. 57. 58.
Salbe mit Honig 66.
Scharbock 58.
Scheel, Bienenbüchlein 67.
Schlaflosigkeit 44. 59. 60.
Schlafmittel 60.
Schleimhäute 48.
Schleimhusten 53.
Schleuderhonig 10. 13. 46.
Schleudermaschine 9. 10. 11. 12.

5*

Schlund 46.
Schnupfen 45.
Schönheitsmittel 66.
Schönfeld 9.
Schwäche im Alter 44.
Schwächezustände 64.
Schwächliche Kinder 22.
Schwämmchen der Kinder 12. 45. 59.
Schwammkuchen 26.
Schwärenmittel 66.
Schwefelsäure 16.
Schweiß 48.
Schweizerhonig 8. 11. 16. 18.
Schwindel 8.
Schwindsucht 46. 51. 55.
Seimhonig 12. 13.
Senfmehl mit Honig 49.
Sinnbild 6.
Skorbut 59.
Sommersprossen 65.
Sonnenwärme 12. 13.
Sorte, feinste 12.
Speicheldrüsen 3.
Speisen 5. 19.
Spitzwegerichsaft mit Honig 53. 54. 57.
Stachelbeeren 41.
Stärkesyrup 22.
Stärkung des Körpers 22.
Steinobst 40.
Stellen der hl. Schrift 6. 19.
Stickhusten 51.
Stöcke, abgeschwefelte 11.
Studierende 59.
Stuhlgang 57.
Süßstoff 8. 22.
Sybold 9.
Symbol 6.
Syrup 9. 16. 18.

Tafelhonig 8. 11. 16. 18.
Tafel, vornehme 12.
Tau 5.
Thee 30.
Theekuchen 24.
Tischwein 36.
Traubenbrusthonig 17.
Traubenwein 31.
Träume unruhige 59.
Trester 7.
Typhus 62. 63.

Übelbefinden 61.
Übermaß 9.
Überreizung 60.
Umschläge 48.
Unterleibsleiden 56.
Unterricht in d. Bienenzucht 67.
Unterscheidung des Honigs 17.
Unwissenheit 8. 14. 15.

Verbesserung des Blutes 59.
Verdauung 21.
Verdauungsbeschwerden 56.
Verderbniß des Weines 32.
Verfahren den Honig zu unterscheiden 17.
Vergiftungen 61.
Vergleichungen mit Honig 19.
Verpackung des Honigs 12.
Verschleimungen 50.
Verstopfungen 57.
Volksküchen 57.
Vorrat 3.

Waben 9. 10. 11. 12. 13.
Wabenhonig 12.
Wabenmittelwände 10.
Wachsdeckel 3.
Wachstum der Kinder 21.

Ware, fabrizierte 11.
Waschungen 64.
Wassersucht 62.
Weber 6.
Wein 23. 30.
Weinstuben, altdeutsche 7.
Weintrauben 36.
Wilson 3.
Wunden 66.

Wundermittel 15.
Wurmmittel 58. 59.

Zähne 59.
Zeit, alte 4.
Zeit, unsere 8. 10.
Zellen 3.
Zuckersachen 22.
Zweck des Büchleins 10.